窑街煤电·企业文化丛书
YAOJIE COAL AND ELECTRICITY & CORPORATE CULTURE SERIES

永恒的初心
YONG HENG DE CHU XIN

○窑街煤电集团有限公司 编

甘肃人民出版社

图书在版编目（CIP）数据

永恒的初心 / 窑街煤电集团有限公司编. -- 兰州：甘肃人民出版社, 2022.12（2024.1重印）

ISBN 978-7-226-05911-1

Ⅰ. ①永… Ⅱ. ①窑… Ⅲ. ①中国共产党－煤炭工业－企业集团－党的建设－研究－兰州 Ⅳ. ①D267.1

中国版本图书馆CIP数据核字(2022)第228212号

责任编辑：王建华
助理编辑：程　卓
封面设计：吴妍景

永恒的初心

窑街煤电集团有限公司　编

甘肃人民出版社出版发行

（730030　兰州市读者大道568号）

河北浩润印刷有限公司印刷

开本 787毫米×1092毫米　1/16　印张 12.75　字数 190千
2022年12月第1版　2024年1月第2次印刷
印数：2061~4060
ISBN 978-7-226-05911-1　　　定价：45.00元

编委会

主　审：许继宗

主　编：朱新节

副主编：赵明庆　张治斌　雷有强
　　　　文凯军　马小云　杨生福

编　委：陈小伟　柳亚娟　刘耀邦
　　　　孙　雅　缪　玲　孙中宝
　　　　路　遵　张馨文

  2016年10月10日，党中央召开全国国有企业党的建设工作会议，习近平总书记出席会议并发表重要讲话，这在我们党的历史上是第一次，在国有企业发展史上具有划时代的里程碑意义。

  五年多来，窑街煤电集团有限公司两级党委深入学习贯彻习近平新时代中国特色社会主义思想这一光辉"国企篇章"，始终把坚持党的领导、加强党的建设作为企业的"根"和"魂"，秉承"开采光明、传承文明"的家国情怀，把方向、管大局、促落实，团结带领党员群众走上了高质量发展的新征程。

  为了更好地服从服务国家重大战略和我省经济社会发展大局，在党的二十大即将召开的伟大历史时刻，我们把五年多来在习近平新时代中国特色社会主义思想指引下，企业各级党组织学习贯彻新发展理念、全面加强党的领导和党的建设、主动融入生产经营引领保障企业高质量发展等方面的经验做法汇编成册，以启迪和激励集团上下不忘初心、牢记使命，为建设全国一流现代能源企业而不懈奋斗，坚定不移朝着党的第二个百年奋斗目标加力前行。

  在《永恒的初心》一书将要出版之际，谨向编辑组各位成员付出的辛勤劳动和给予热心指导、关心支持的各位领导、同事、朋友们，致以崇高敬意和衷心感谢！字里行间难免有未尽或疏漏之憾，恳请各位读者批评指正。

窑街煤电集团有限公司党委
2022年8月

目录 / CONTENTS

第一章 培根铸魂

发挥党的独特优势 推进企业扭亏脱困
窑街煤电集团有限公司党委……2

加强企业党建工作 保证企业全面发展
窑街煤电集团有限公司党委……5

不忘初心跟党走 牢记使命促发展
窑街煤电集团有限公司党委……8

培"根"铸"魂" 为企业高质量发展提供坚强保证
窑街煤电集团有限公司党委……16

带领企业发展是党委的重要使命
窑街煤电集团有限公司党委……19

强化培根铸魂 勇担国企责任
窑街煤电集团有限公司党委……23

学习百年党史 汲取奋进力量 加快建设全国一流现代能源企业
窑街煤电集团有限公司党委……26

坚定信念奋进实干 续写强企报国荣光
窑街煤电集团有限公司党委……32

以高质量党建引领保障企业高质量全面发展
窑街煤电集团有限公司党委……35

强化理论武装 凝聚全员共识 为推动企业高质量发展提供思想保证
窑街煤电集团有限公司党委……39

1

不忘初心培根铸魂　牢记使命引领发展

窑街煤电集团有限公司党委 47

第二章　党群共建

咬定"六强六好六优"目标　以务实创新精神深入推进创先争优活动

窑街煤电集团有限公司党委 53

勇扛脱贫攻坚社会责任　精准帮扶彰显国企担当

窑街煤电集团有限公司党委 56

建设更高水平的平安企业　努力为高质量发展保驾护航

窑街煤电集团有限公司党委 60

强基固本促提升　融入中心激活力　以党支部建设标准化工作推进企业高质量发展

窑街煤电集团有限公司党委 64

坚持"引育用留"协同发力　为企业高质量发展提供人才保障

窑街煤电集团有限公司党委 68

严把选人用人关　选拔培养忠诚干净担当的优秀干部

窑街煤电集团有限公司党委 72

坚守政治定位　提升工作质效　以高质量巡察保障企业高质量发展

窑街煤电集团有限公司党委 76

涵养清廉政治生态　护航高质量发展　为全面建设现代能源企业提供坚强保证

窑街煤电集团有限公司纪委 81

放歌煤海传情　砥砺奋进强企

窑街煤电集团有限公司工会 87

守初心砥砺奋进出实招　担使命号角齐鸣促发展

窑街煤电集团有限公司工会 95

讲好职工故事　凝聚职工力量　唱响工会宣传教育"大合唱"

窑街煤电集团有限公司工会 101

创新工作思路　凝聚青春力量　在企业高质量全面发展征程中奏响时代新声

窑街煤电集团有限公司团委 104

第三章　强基固本

从严管党发挥作用　融合中心引领发展

窑街煤电集团有限公司三矿党委 111

以"六强六融"引领海矿高质量发展

窑街煤电集团有限公司海石湾煤矿党委……114

坚持"三抓四同五融入" 汇聚高质量发展动力

窑街煤电集团有限公司金河煤矿党委……117

在党建融入生产经营中为发展聚力赋能

甘肃窑街固废物利用热电有限公司党委……122

党建引领创新发展 提升企业核心竞争力

窑街煤电集团甘肃金凯机械制造有限责任公司党委……127

构建"五养"体系 激发基层党组织内生动力

甘肃金能科源工贸有限责任公司党委……131

"四力并举"引领保障煤炭营销工作

窑街煤电集团有限公司煤炭运销公司党委……135

抓实做优党建工作 强根铸魂引领发展

窑街煤电集团有限公司铁路运输公司党委……139

打造救援铁军 护航矿山安全

窑街煤电集团有限公司矿山救护中心党委……144

坚持把党的领导贯穿企业发展全过程

甘肃瑞赛可兴元铁合金有限责任公司党委……147

第四章 举旗筑垒

激发新活力 彰显新作为

窑街煤电集团有限公司海石湾煤矿综采二队党支部……151

攻坚克难筑堡垒 团结奋进显作为

窑街煤电集团有限公司金河煤矿综掘队党支部……154

强基固本筑堡垒 创先争优促发展

甘肃窑街劣质煤热电有限责任公司电气车间党支部……156

"三抓三促"提升党建引领保障力

窑街煤电集团甘肃金凯机械制造有限责任公司机械加工厂党支部……158

掘进面上党旗红

窑街煤电集团天祝煤业有限责任公司掘进一队党支部……161

凝心聚力担使命　不负韶华勇作为
窑街煤电集团有限公司海石湾煤矿综采二队党支部..................163
强化党建引领　创建样板党支部
窑街煤电集团天祝煤业有限责任公司综采一队党支部..................166
提升党支部"三力"　打造坚强战斗堡垒
窑街煤电集团有限公司海石湾煤矿掘进一队党支部..................169

第五章　先锋引领

妙笔生花绘出金能发展进步新局面
窑街煤电集团甘肃金能工贸有限责任公司党群工作部..................173
倾心党务显赤诚
窑街煤电集团天祝煤业有限责任公司党委工作部..................177
扎根矿山终无悔
窑街煤电集团有限公司海石湾煤矿党群工作部..................179
炉火映初心　合金担使命
窑街煤电集团甘肃兴元铁合金有限责任公司党群工作部..................182
倾心向党　倾情担当
窑街煤电集团有限公司铁路运输公司党群工作部..................185
党徽在煤海深处闪亮
窑街煤电集团天祝煤业有限责任公司党委工作部..................187
立志做创新融合的党建先锋
窑街煤电集团有限公司海石湾煤矿党群工作部..................189
初心耀煤海
窑街煤电集团有限公司金河煤矿党委工作部..................192

part 1

培根铸魂

习近平总书记指出，坚持党的领导、加强党的建设，是我国国有企业的光荣传统，是国有企业的"根"和"魂"，是我国国有企业的独特优势。

"根"深则叶茂、"魂"聚则力强。五年多来，窑街煤电集团有限公司党委主动融入和自觉服务国家重大战略，强化政治统领把方向、紧扣中心工作管大局、凝聚全员合力促落实，始终把党的领导和党的建设融会贯穿于公司治理和安全生产经营全过程，不断激活和放大企业所处丝绸之路经济带甘肃黄金段的区位优势、煤种优良的产品优势、循环经济产业发展的先机优势和新能源产业发展的后发优势，推动企业驶上高质量发展的快车道，呈现出了快速发展、充满活力、股东受益、客户满意、职工称赞、政府放心的良好局面。

发挥党的独特优势　推进企业扭亏脱困

窑街煤电集团有限公司党委

近年来，面对企业生存发展中遇到的种种困难，窑街煤电集团有限公司各级党组织积极发挥党的独特优势，团结带领广大党员群众在困境中顽强拼搏，谱写了一曲突出重围、绝地逢生的壮歌。

——发挥党的理论优势，坚持"补钙充电加油"，坚定扭亏脱困发展信念。一是提高政治站位，正确看待困难。窑街煤电集团有限公司是一个国有老煤炭企业，历史包袱十分沉重，安全管理难度很大。在困难面前，集团公司党委鲜明地提出，窑煤虽穷，但我们的精气神不能穷；窑煤虽难，但只要我们不向命运低头就不难；窑煤虽弱，但只要我们万众一心、励精图治，企业的生命力就不弱，从而把干部群众凝聚在了脱困发展的目标下。二是深化理论武装，增强发展自信。集团公司党委紧紧围绕企业发展目标，坚持把团结带领职工群众走出困境、赢得可持续发展作为最大的政治任务。通过两级党委中心组集中学习研讨、领导干部带头讲党课、作辅导报告等系列活动，不断加强理论学习，提高政治站位，坚持用科学理论武装头脑、指导实践，坚定了依靠自身努力走出困境的发展信念。三是明确奋斗目标，激励拼搏斗志。集团公司在企业"十三五"规划中明确提出，企业近期目标是扭亏为盈、走出困境，中长期目标是把集团公司建成安全高效、富有活力、矿区和谐、职工幸福，在甘肃省具有较强竞争力的能源企业集团。集团公司各级党组织层层讲形势、讲前景、讲目标、讲任务，克服了前进道路上难以想象的各种困难，实现了2017年前5个月整体扭亏为盈的奋斗目标，止住了连续40个月的亏损。

——发挥党的政治优势，加强领导班子建设，促进干部队伍以上率下。一是领导班子正确引路。集团公司党委主动适应去产能的经济发展新形势，确立了"以煤为基、适度多元、效益优先、择优发展"的基本思路和"两步走"的战略步骤。两级领导班子成员与职工同甘共苦，集团公司主要领导常年住在办公室，白天下矿井、搞调研，晚上想对策、定措施，每天工作十几个小时，发挥了领导干部的表率作用。二是党政组织勇于创新。顺应企业转型升级的发展趋势，集团公司党委梳理出企业6大方面39条主要问题，采取风险抵押、层层承包等一系列超常规举措。2017年1—5月主要指标实现了同比增长，其中上缴税费18454万元，同比增加10731万元；利润总额达918万元，同比减亏23739万元。三是干部队伍带头实干。许多党员领导干部常年超负荷奋战在工作岗位上，海石湾煤矿矿长几乎没有在家度过一个完整的双休日，经常一连十几天吃住在矿上。在他的带领下，全矿职工把一个国内罕见、世界少有的煤与CO_2突出矿井建成了国家级绿色矿山和煤炭资源综合利用示范基地。

——发挥党的组织优势，深化创先争优活动，提升共产党员骨干带动作用。一是务实创新突出特色。持续开展创先争优活动37年不间断，金河煤矿党委在全体党员中实施树标、对标、追标、评标、励标5个步骤的全员对标赶超，党员队伍成为企业安全生产和改革发展的中坚力量，该矿一跃成为集团公司安全生产和创造利润的先进矿。二是立足岗位先锋引领。全公司5000多名党员亮身份、践承诺，作表率、创实效，集团公司三矿共产党员、甘肃省劳动模范、"十大陇人骄子"张国财立足煤矿电气维修工平凡岗位，凭着刻苦钻研，取得革新技术成果100多项，党员队伍成为企业创新创效的优秀人才聚集地。三是融入中心推进发展。集团公司党委深入开展"插红旗竞赛台""党员先锋岗、责任区""党员身边无浪费、挖潜创效当先锋"等形式多样、特色鲜明的主题活动。全公司建成党员先锋岗130个、党员责任区162个。

——发挥党的制度优势，健全落实长效机制，保证企业高效有序运转。一是认真完善落实科学决策机制。党的十八大以来，集团公司党委明确提出了从严"守纪律、讲规矩、重程序"的制度建设要求，先后修订完善党建制度33项，在"三重一大"决策方面，领导班子带头执行党的民主集中制原则，较好地发挥了企业党组织的把关定向作用。二是完善落实好党管干部机制。2015年4月，集团公司新班子组建以来，由党委主要领导把关，全面推行公开选聘、竞争上岗的选人用人机制，先后公开选拔15批48名中层管理人员，形成了风清气正的选人用人政治生态。三是完善落实好依法治企机制。集团公司三矿综采队在制度体系建设中，研究建立了超产工资分配方案、隐患排查治理办法、技能人才培养措施等10项规章制度，形成了依法依规管理区队、管理职工的民主管理新模式，多次被集团公司评为先进集体、"六好"党支部，被全国煤炭工业协会评为安全生产先进集体。

——发挥党密切联系群众的优势，做好宣传思想工作，最大限度凝聚创业力量。一是坚持全心全意依靠工人阶级办企业的方针。多年来，集团公司党委认真落实以职工代表大会为基本形式的民主管理制度，每年在职工群众中开展"金点子"征集活动，极大地激发了广大职工群众的创造活力。2016年，从职工群众中征集、采纳并实施合理化建议223条，创造价值950万元。二是认真做好深入细致的思想政治工作。持续加强形势任务、改革举措等宣传教育，提振精气神、凝聚正能量，保证了2016年5个方面54项、2017年6个方面46项改革措施顺利推进，维护了矿区和职工队伍总体稳定。三是紧紧依靠党的群众组织培育职工队伍。积极开展工会"八项工程"和共青团"六项青字号"活动，涌现出全国煤炭工业特级安全高效矿井三矿、首批全国煤炭工业"三基九力"优秀班组金河煤矿综采一队三班等一批先进集体和先进个人，为集团公司脱困发展起到了示范作用。

2017年7月

加强企业党建工作　保证企业全面发展

窑街煤电集团有限公司党委

在党的十九大和全国国有企业党的建设工作会议精神指引下，窑街煤电集团有限公司坚持问题导向、抓党建、促改革、谋发展，在2016年大幅止滑减亏的基础上，2017年前11个月，全公司盈利4.29亿元，同比减亏增盈7.23亿元，资产负债率从2016年年底的92.84%下降到2017年年末的89.50%。

——推动"两学一做"学习教育制度化常态化，坚定了发展企业的信念。面对企业生存发展的艰难困境，窑街煤电集团有限公司坚持把"两学一做"学习教育作为锻炼党员干部的大熔炉。一是立足提升能力"学"。2017年，集团公司两级党委中心组集体学习均在12次以上，特别是党的十九大召开之后，集团公司迅速掀起了学习宣传贯彻的热潮，在邀请甘肃省委宣讲团成员和上级领导宣讲的同时，集团公司领导班子成员到包保单位作党的十九大精神宣讲报告，对全公司中层干部和党支部书记分别举办学习贯彻党的十九大精神集中轮训班，集团上下在接受习近平新时代中国特色社会主义思想的洗礼中"补钙""加油""充电"。二是着眼推动发展"做"。突出全面从严管党治党、先锋引领这条主线，坚持把党建工作与企业中心工作深度融合，深化开展了"三个六"创先争优先锋引领党建主题实践活动，全公司建成党员责任区116个、党员先锋岗130个，较好地发挥了党支部的战斗堡垒作用和共产党员的先锋模范作用。三是完善规章制度"建"。深入推进党建制度改革，严格落实党建工作目标责任书考评和问责追责制度，通过修订完善4类33项党建工作制度，形成了比较完善的党建工作制度体系。

——推动企业党的领导体制机制科学化，把握了改革发展的方向和大局。集团公司领导班子从强化责任担当入手，修订两级公司章程，明确了党组织在公司治理中的法定地位，定期及时召开集团公司党委会或常委会会议,研究讨论企业"三重一大"问题;明确两级党委职责,落实党委"把方向、管大局、保落实"的要求,确保了企业改革发展的正确方向。

——推动党的干部教育管理网格化,确保了企业党建工作任务的层层落实。一方面,坚持公开选聘和严格考核制度,营造了选人用人良好风气,强化了各级干部的公仆意识和勇于担当的使命感责任感。2017年,集团公司公开选聘中层管理人员8批14人;另一方面,两级领导班子成员对分管领域实行党建和党风廉政建设工作包保责任制,以及联系党支部、联系党员、联系职工群众的"一对三"联系点制度,较好地解决了天祝煤业公司扣除式退出祁连山自然保护区过程中职工群众提出的25条共性问题和信访维稳工作组进家入户收集的88条个性问题诉求,进而在全公司开展各级干部大走访大接访,企业党建工作得到了广大党员群众的大力支持。

——推动党的基层组织规范化,夯实了企业党建工作的根基。一是规范基本组织。通过党委(总支)、党支部任满换届等方式,全公司218个基层党组织配齐了党委、总支、支部委员;通过党员流转,消灭了空白班组;通过整顿软弱涣散基层党组织,创建标准化党支部、选树样板党支部,初步取得了强堡垒的实效。二是规范基本制度。制定了涵盖党员教育管理、监督、考核等10个方面的《基层党支部制度建设指引》,推行党员目标管理,进一步规范党内政治生活,党员队伍素质明显提升。三是规范基本队伍。在党员干部中大力开展"转作风、强管理、提效能"专项行动,从严整治"庸懒散推拖混"等问题,有力带动了全体党员和广大职工的艰苦鏖战。

——推动党的监督经常化,加大了监督执纪问责的力度。集团上下严格落实"两个责任",对子(分)公司开展全覆盖党内巡察,高悬执纪利剑,严查违纪违规案件。2017年,集团公司核查信访举报件42件,给予党纪政纪处分16人、诫勉谈话7人,把管党治党责任层层传递到了企业的"神经末梢"。

——推动思想政治工作日常化,凝聚了企业发展振兴的强大力量。一是加大宣传引导力度，凝聚攻坚克难正能量。在建好企业有线电视、《窑街煤电报》、局域网站、"图说窑煤"微信公众平台四大宣传阵地的同时，深入开展"脱困发展怎么办，2017年工作怎么干"主题大讨论活动，持续加强政策法规、形势任务、改革举措、典型推介等宣传教育，有效提振了拼搏进取的精气神。二是加大企业文化建设力度，提升职工文明素养。深入实施"文化育人、文化兴企"战略，持续开展安全文化示范企业创建、精神文明"十创建"、职工演展赛、环境整治整改、志愿者服务等活动，提升了职工的获得感幸福感。三是加大信访维稳力度，全力维护矿区稳定。认真落实信访维稳责任制，及时回应职工关切，有效稳控化解不稳定因素，全力为职工群众排忧解难，确保了党的十九大期间的绝对稳定和矿区的总体稳定。

2018年2月

不忘初心跟党走　牢记使命促发展
——窑街煤电集团公司"不忘初心、牢记使命"主题教育做法成效

窑街煤电集团有限公司党委

"不忘初心、牢记使命"主题教育启动以来，窑街煤电集团有限公司紧紧围绕学习贯彻习近平新时代中国特色社会主义思想这一主线，聚焦主题教育目标任务和重点措施，坚持把学习教育、调查研究、检视问题、整改落实结合起来，贯穿主题教育全过程，明确提出了坚持"六个高标准"（高标准学习教育、高标准调查研究、高标准讲好党课、高标准检视问题、高标准整改落实、高标准督导推进），做到"六个结合"、取得"六大实效"（紧密结合安全管理，在推动安全发展上取得实效；紧密结合环保治理，在推动绿色发展上取得实效；紧密结合经营管理，在推动高效发展上取得实效；紧密结合深化改革，在推动创新发展上取得实效；紧密结合改善民生，在维护和谐稳定上取得实效；紧密结合党建工作，在引领保证改革发展上取得实效），确保主题教育落地落细落实。

——**深化理论学习**。集团公司各级党组织坚持把学习教育贯穿始终，认认真真学原著、读原文、悟原理，推动了学习贯彻习近平新时代中国特色社会主义思想往深里走、往心里走、往实里走，形成了浓厚的理论学习氛围。一是抓措施促落实。集团公司和20个二级单位党组织成立了主题教育领导小组和办事机构、巡回指导组，集团公司先后15次召开动员部署会、培训会、党委常委会会议、领导小组会、工作例会、推进会等，安排重点工作，紧盯进展情况，研究任务落实，确保把各个环节工作抓主抓细抓实，推动了主题教育持续健康深入。二是抓宣传促引导。集团公司充分利用有线电视、报纸内刊、门户网站、微信平台等四大主流舆论阵地，以及手机微信群、QQ群、

微博等新媒体平台，开设专栏推送学习资料42次，累计刊登稿件163篇、简报21期；二级单位积极借助广播、宣传栏、橱窗、电子屏和QQ群、微信平台等编办宣传材料1160多篇（面），为主题教育深入开展营造了良好氛围。三是抓领导促带动。集团公司两级领导班子、高中层党员管理人员在学习教育中做到了"八带头"（带头参加学习班、带头开展自学、带头交流体会、带头领题调研、带头讲好党课、带头征求意见、带头检视问题、带头整改落实）。两级党委（总支）中心组每周至少集中学习1—2次，高中层党员管理人员撰写心得体会133篇，开展集中学习教育245次，党支部书记及以上管理人员讲专题党课281场次，参加党员4600多人次。四是抓党员促覆盖。针对集团公司党员三班作业的多、离退休的多、工学矛盾突出等特点，各基层党支部结合实际精心策划、认真组织，确保了人员不缺、内容不漏、时间不少、质量保证。党支部集中学习2307次，累计学习交流495次；开展知识测试189场（次），参加2723人次；2686名党员通读了规定篇目，占在岗党员的98.64%，个人自学普遍达到40小时以上；380多名党员赴红色教育基地接受革命传统教育；开展警示教育21次，参加756人次。

——**注重调查研究**。集团公司领导班子带着破解企业转型升级、推动高质量发展难题的使命和担当，重点围绕解决企业党的建设存在的突出紧迫问题、集团公司发展面临的"三大考验"（实现高质量发展的时代考验；让全体职工2020年过上全面小康生活的历史考验；甘能化投实现三户煤炭企业煤电产业板块整合上市时发展壮大的改革考验）、生存发展的"五大挑战"（文化铸魂、安全生产、环保清洁、持续盈利、育人建队）、推动高质量发展"十大行动"（培根铸魂、安全生产、质量提升、管理提效、改革攻坚、创新驱动、转型升级、绿色发展、法治诚信、改善民生）、"一优三减""四化"建设（优化系统，减水平、减头面、减人员；机械化、信息化、自动化、智能化建设）、持续从严治党和转变工作作风、职工关注和群众反映强烈的热点难点问题等确定了8个调研课题，带着问题、思考、责任、感情深入基层单位、区队班组、井下一线、困难职工家庭调研，面对面听取职工群众意见建议，形成调研报告8篇。集团公司党委组织召开调研成果交流会，8名领导班子成员进行了调研成果交流，65名党员参加交流会；8名集团公司班子成员讲了专题党课，770多名党员参加；调研中发现问题108个，经梳理汇总为26个，其中涉及职工群众诉求权益的22个问题全部解决落实。针对推行班组全员自主管理模式中存在的问题，邀请中煤塔山煤矿党委书记苏传云举办了为期1天的"人人都是班组长"全员自主管理专题指导讲座；针对职工提出依法依规办事，维护职工合法权益的问题，集团公司邀请甘肃政法大学副教授、硕士生导师韩忠伟作了《劳动法》《劳动合同法》专题讲座；针对提升各级管理人员素质的问题，分三期组织122名高中层管理人员及优秀业务主管赴中国矿业大学脱产培训；针对职工反映海石湾六小区5#、10#住宅楼面向集团内部职工销售中存在的问题，集团公司重新制定交款选房办法，面向集团公司职工（含离退休职工）、家属和"三供一业"移交单位人员售房。对窑街煤电集团公司《机关部室和承担集团公司管理职能相关单位工作职责》《困难职工解困脱困实施方案》《两级机关深入开展全民健身运动方案》《尊重人才培养人才激励人才实施办法》《党建质量提升行动实施方案》《防止管理人员"带病提拔"实施意见》等23条好的经验和做法已经形成制度机制。通过调查研究、专题交流，集团公司上下进一步统一了思想认识，理清了发展思路，明确了发展方向，形成了推进企业高质量发展的"六大共识"（提高战略思维能力，着力推动企业永续发展；提高创新思想能力，着力推动企业创新发展；提高辩证思维能力，着力推动企业转型发展；提高法治思维能力，着力推动企业稳健发展；提高底线思维能力，着力推动企业安全发展；提高管党治党能力，着力引领企业高质量发展）。全公司高中层党员管理人员形成较高质量调研报告133篇。

——**深刻检视问题**。一是积极在畅通渠道中检视问题。集团公司两级领导班子及成员通过对照检查主动找问题、广泛发动群众找问题、上下左右互动找问题等方式和召开各类座谈会、设置意见箱、调查研究等渠道，广泛深入征求意见建议266条，其中对领导班子意见建议209条、班子成员意见建议57条。经归纳整理，集团公司领导班子意见建议46条，班子成员意见建议47条。二是积极在对照检查中检视问题。集团公司领导班子成员对标《中国共产党章程》《关于新形势下党内政治生活的若干准则》《中国共产党纪律处分条例》"18个是否"召开专题会议，回答了有没有，对照党章党规检视问题23条，相互提醒63条；两级领导班子及班子成员围绕"六个对照""六个方面"查找梳理问题。集团公司领导班子及成员列出问题清单32条，其中领导班子9条、班子成员23条。三是积极在谈心交心中检视问题。集团公司党委主要负责同志与班子成员之间，班子成员之间，班子成员与分管单位主要负责同志之间，主要负责同志、班子成员与本人组织关系所在党支部党员代表之间认真落实"四必谈"要求，开展分轮、对口、循环的谈心交心，做到见人见事有准备地谈、敞开心扉有诚意地谈、亮明问题有针对地谈、交换看法有促进地谈、触及思想有深度地谈，确保了谈心谈话的质量。集团公司领导班子谈心谈话检视问题36条，班子成员57条。四是积极在深刻剖析中检视问题。按照习近平总书记关于"四个对照""四个找一找"的要求，坚持不害怕、不回避、不掩饰、不淡化、不推脱、不放过问题的"六不原则"，反复从理想信念、宗旨性质、党性修养、精神状态等方面深挖思想根源，做到问题找得准、根源挖得深、措施定得实，为开好高质量专题民主生活会奠定了基础。对在学习研讨中查摆的问题、对照党章党规找出的问题、调研发现的问题、群众反映强烈的问题、谈心谈话指出的问题等，进行了认真系统梳理，经归纳整理汇总为4个方面19条问题。

——坚持整改落实。对于主题教育中查找出的问题，集团公司采取即知即改、一案一表主管领导牵头限期整改、开展专项整治行动等方式狠抓整改落实。其中即知即改的31条，短期整改的4条，需要长期整改的15条，精准施策、累计解决群众反映强烈的问题8条。其中，采煤沉陷治理、棚户区改造项目《房屋所有权证》办理工作取得实质性进展，集团公司海石湾四小区760多户住户《房屋所有权证》已办理，六小区176户多层住户的《房屋所有权证》正在办理，下一步将办理其他小区住户《房屋所有权证》。认真整改生态环境部西北督察局和甘肃省环保厅"回头看"查出的问题，完成了天祝煤业公司三采区井下安全回撤、永久性封闭工作，延伸生态修复地面治理面积27.15万平方米，累计投资8653.25万元。2019年投入0.43亿元，重点完成了天祝矿区祁连山自然保护区环保整改工程。集团公司组织由40多人组成的文艺演出队深入临潭县洮滨镇开展精准扶贫文艺下乡巡回演出活动，助力精准脱贫攻坚行动。集团公司党委编印主题教育和党建工作应知应会知识下发基层党委（总支）和各党支部学习，对200多名党委（总支）书记、党群部部长、基层党支部书记进行了专题集中培训，制定软弱涣散基层党组织集中整顿实施方案并开展集中整顿工作。出台集团公司高端技术人才服务管理办法，建立大学生公寓，聘请科研院校博士、教授来集团公司挂职等，力求引进一个高端人才、带动一个创新团队，为集团公司提高创新能力、解决技术难题、促进创新发展提供了强有力的技术支撑。

——开展专项整治。按照中央部署的专项整治问题、省委作风建设年部署的专项整治问题和需要整改的突出问题三个方面，结合年度考核、工作考核和调研中发现的问题，在前期查找的基础上，根据中共甘肃省委"不忘初心、牢记使命"主题教育领导小组《关于印发"不忘初心、牢记使命"主题教育8个专项整治实施方案的通知》要求，再次认真进行了梳理，共梳理出中央部署的专项整治问题9条、省委作风建设年部署的专项整治问题5条、企业自身需要整改的突出问题3条，集团公司党委专题研究部署，认真分解任务，制定《窑街煤电集团公司"不忘初心、牢记使命"主题教育专项整治整改方案》，列出了专项整治整改清单，实行销号管理，做到了"七有"（有专门方案、有推进措施、有牵头部门、有责任领导、有具体责任人、有进度时限、有标准要求）。专项整治问题17条，已整改12条，5条问题正在整改中。

通过合并会议、规范精简发文、整合检查、严控规模，OA办公系统在线流转等，提高办会办文质效，各类会议、文件比2018年同期分别减少了11.34%、13.46%；集团公司聚焦"两不愁三保障"，着力实施助力贫困村发展"五项举措"和帮扶贫困户脱贫"六大行动"，2019年集团公司投资近260万元、累计投资近千万元加强对帮扶村文化、生活基础设施等建设，高中层管理人员分四批深入现场开展帮扶工作，集团公司被省脱贫攻坚帮扶协调领导小组考核评定为优秀等次。集团公司机关党委积极督促各部室落实《机关工作人员工作守则》《机关办公楼卫生常态化管理考核办法》等，通过明察暗访、督促检查，使机关工作人员作风和环境卫生有了进一步改进。集团公司领导班子成员积极践行初心和使命，深入到基层、生产一线、群众中去，下矿井现场指导，进班组了解民意，入家庭走访职工。主题教育期间，集团公司主要领导带队利用双休日到千里之外的肃北天宝公司、长山子煤矿专题调研3次。

集团公司紧扣学习贯彻习近平新时代中国特色社会主义思想这一主线，聚焦守初心、担使命，找差距、抓落实的总要求，扎实有效推进主题教育，达到了理论学习有收获、思想政治受洗礼、干事创业敢担当、为民服务解难题、清正廉洁作表率的目标。

——**提升了政治站位**。集团公司上下把对党忠诚、为党工作作为对党员、干部第一位的要求。在主题教育中，两级领导班子坚持学原著、读原文、悟原理，通过举办学习班、集中学习、专题研讨等，加深了对习近平新时代中国特色社会主义思想深刻内涵和精神要义的理解与把握，进一步筑牢了信仰之基、补足了精神之钙、把稳了思想之舵，树牢了"四个意识"、坚定了"四个自信"、坚决做到了"两个维护"，自觉在思想上政治上行动上同以习近平同志为核心的党中央保持高度一致。

——**形成了发展共识**。集团公司深入学习贯彻领会习近平新时代中国特色社会主义思想，学出了思想认同，悟出了发展思路，干出了责任担当。在习近平新时代中国特色社会主义思想和新发展理念指引下，集团公司以强企报国的政治担当，编制《全面推动高质量发展工作方案》，决心做丝绸之路甘肃黄金段的清洁能源提供者，努力推动企业由传统产业向绿色产业转变、市场需求由低端产品向高端产品转变、煤炭产业由燃料向原料转变、企业股权由单一向多元转变。通过开发酒泉肃北红沙梁煤炭资源，煤炭产能从目前的570万吨将提升到1000万吨以上；通过建设洗煤厂、在西北五省首家运用膏体充填开采技术等，将矸石等废弃物重返井下，还地面绿水青山；通过培育油页岩半焦高值利用等新产业，积极向高新科技企业迈进；通过推进混合所有制改革，探索实践科技研发团队持股、员工持股等，进一步突破企业发展体制机制上的瓶颈和障碍。经过三至五年努力，窑街煤电集团公司将呈现出崭新的发展局面。

——**促进了企业发展**。面对企业面临的"三大考验"、生存发展的"五大挑战"，集团公司领导班子以强烈的政治担当，牢记初心使命，带着破解企业转型升级、高质量发展的使命，扛责任、扛任务、扛指标。2019年前7个月，实现利润2.13亿元，比计划增盈0.46亿元；银行融资额从2015年6月末的48亿元降至29.19亿元，减少18.81亿元；资产负债率从最高时的92.84%降至78.69%；依靠科技创新拓展新的生存发展空间，在中科院兰州化物所王爱勤研究员团队的引领带动下，使以煤为基黏土矿物研究助推集团公司向新型企业发展成为可能，该项目合作已初见成效，将成为集团公司创新驱动、转型升级的一个突破口；三矿"三下"急倾斜特厚煤层膏体充填开采技术研究为省内第一个绿色开采技术开发项目，项目实现后可解放"三下"压煤1622万吨，延长矿井服务年限5.5年；抢抓千载难逢的国内大规模投资机遇期，通过膏体充填开采，建设洗煤厂，推进肃北红沙梁、窑街和海石湾煤矿深部煤炭资源开发，快速壮大煤炭主业；通过培育油页岩半焦高值利用、油层气和地热等新兴产业，推进"一优三减""四化"建设项目，推动企业由传统生产型向科技创新型转型升级。

——**改善了职工民生**。集团公司领导班子坚持把"改"字贯穿"不忘初心、牢记使命"主题教育始终，聚焦企业高质量发展突出问题和职工群众关心的热点难点问题，以看得见、摸得着的整改效果提升职工群众获得感、安全感、幸福感。2019年前7个月，杜绝了较大及以上人身事故，职工收入同比增幅11.77%；修订《"金秋助学金"发放管理办法》，2019年为大学录取职工子女发放助学金、对困难职工子女补助学费6.02万元；为结对帮扶贫困职工家庭送去慰问金、困难补助39.66万元；组织接尘有毒有害噪声作业岗位职工及尘肺病6458人进行了职业性健康体检；投入近70万元购置2辆新能源通勤车；投入1300万元完成了海石湾煤矿区队办公楼搬迁改造、单身公寓改造和金河煤矿、三矿职工浴池改造，以及金河煤矿单身公寓改造，正在改造金河煤矿区队办公楼和矿工俱乐部，使基层区队办公条件和单身职工居住条件得到极大改善；随着企业管理的加强和效益的提升，"一优三减""四化"建设81个项目正在逐步落地，并计划投资1.7亿元，加快推进实施一批矿井变电所、水泵房等无人值守远程控制以及主运输系统无人值守集中控制等项目，通过综合自动化技术应用、技术改造升级，用3年时间建成智慧矿山，几代矿工梦寐以求的取消夜班和井下"无人开采"将会实现。

2019年9月

培"根"铸"魂"
为企业高质量发展提供坚强保证

窑街煤电集团有限公司党委

近年来,窑街煤电集团有限公司党委以习近平新时代中国特色社会主义思想为指导,始终把坚持党的领导、加强党的建设作为企业的"根"和"魂",深入开展党建质量提升行动,持续在战略领航把方向、融入治理管大局、培根铸魂保落实上用力发力,推动企业高质量发展。

——**在强企报国中取得发展新成效**。窑街煤电集团公司党委始终站在巩固党的执政基础和实现"中国梦""陇原梦"的政治高度,进一步强化省属国有企业姓党为国的政治属性,认真贯彻落实中央"六稳""六保"、甘肃省委重大决策部署和省政府国资委党委工作要求,深入开展"不忘初心、牢记使命"主题教育,主动接受省委第七巡视组"政治体检",扎实推进巡视反馈问题整改落实,在企业改革发展稳定和履行政治责任、经济责任、社会责任大局中起到了"定海神针"作用。连续3年全面完成省政府国资委下达的各项目标任务,省委巡视反馈问题整改完成率达95.56%,荣获"甘肃省脱贫攻坚帮扶先进集体"称号。2020年1—10月,取得疫情防控"零感染"、安全生产"零伤亡"和经济运行"双过半"的可喜成绩,全公司实现利润20006万元,完成进度计划的160.05%。

——**在举旗定向中共筑发展新梦想**。窑街煤电集团公司党委牢记"坚定不移把国有企业做强做优做大"这一神圣使命,紧跟新一轮工业革命和能源革命步伐,主动融入新时代西部大开发、"一带一路"建设、黄河流域生态保护等国家重大战略,努力从全国国有企业党的建设工作会议、习近平总书记对甘肃重要讲话和指示批示精神中找到推动发展的方法、破解难题的"钥匙"、搞好企业的"真经"。2019年以来，先后确立了"争做'一带一路'甘肃黄金段清洁能源提供者"的企业战略定位，提出了"五个转变"发展思路，全面铺开了高质量发展"十大行动"，绘就了"把集团公司建成以信息化、智能化、绿色化为主要特征，煤炭产量超1000万吨、产值超100亿元，竞争力强、充满活力、职工幸福安康的现代能源企业"发展蓝图，用令人向往的"窑煤梦"点燃了每名职工、每个矿区家庭追逐幸福生活的奋斗热情。

——在党的领导中培育发展新动能。窑街煤电集团公司党委坚持把党的领导融入公司治理各环节，注重发挥国有企业"六种重要力量"，确保企业发展到哪里，党委把方向、管大局、保落实的领导作用就体现在哪里。通过全面规范落实党委会（党委常委会）研究讨论是董事会、经理层决策重大问题的前置程序要求，构建完善了以党委会为领导核心的股东会、董事会、监事会、职代会、经理层各司其职、各负其责、协调运转的公司治理体系，不断提升了企业治理体系和治理能力现代化水平；加快推进油页岩半焦高值利用、地面瓦斯抽采利用、洗煤厂、"一优三减""四化"建设等项目步伐，确保企业坚定走安全绿色智能化开采和清洁高效集约化利用创新发展之路；在西北五省区率先应用国内领先的膏体充填开采技术，进一步释放海窑、天祝两个矿区3400多万吨煤炭产能，后续还将开展技术延伸服务，努力走出甘肃、服务西北五省区、辐射全国煤炭企业；全面领导企业深化改革工作，积极推进混合所有制试点，尝试推行经理层任期制和契约化管理模式，探索实践科研团队持股、员工持股等，进一步激发企业发展内生动力。

——在培"根"铸"魂"中提升发展新境界。窑街煤电集团公司党委打造形成了"三个六"（"六强"党委，即政治引领力强、团结协作力强、改革创新力强、推动发展力强、用人主导力强、凝聚保障力强；"六好"党支部，即支部书记好、支委班子好、党员队伍好、制度建设好、运行机制好、工作业绩好；"六优"党员，即政治素质优、业务技能优、岗位业绩优、安全质量优、作风形象优、群众评价优）创先争优先锋引领行动党建特色品牌，已成为企业高质量发展的"动力源"。一是建强堡垒。积极推进党支部建设标准化工作，规范"三会一课"、主题党日等党内政治生活，切实让争创"六好"党支部在晋位升级中蔚然成风。三矿综采队党支部坚持把党员责任区、党员先锋岗建在采掘工作面上，党员用实际行动感染和带动全队职工比产量、比贡献，连续3年实现高产稳产，该党支部所在区队被省总工会授予2019年"甘肃省工人先锋号"荣誉称号。二是争当先锋。面对突如其来的新冠肺炎疫情和繁重的复工复产任务，广大党员深入开展"我是党员我先行"、党员"戴党徽、亮身份"、党员承诺践诺等主题活动，先后涌现出了中国煤炭工业协会"技能大师"孟嘉彬、2020年度甘肃省劳动模范马明礼、甘肃省优秀抗疫青年志愿者黄周平等一批叫得响、立得住的优秀共产党员，切实让誓言在争优中实现、让党徽在奉献中闪光。三是增进福祉。树牢以人民为中心的发展思想，每年向职工群众承诺兴办10件民生实事；2020年1—10月，职工人均收入58419元，同比增长3.58%；不断改善井下职工作业环境、降低劳动强度，天祝煤业公司率先取消"零点班"生产，几代矿工梦寐以求的全面取消夜班即将实现；对剩余70户困难职工家庭建档立卡，实施就业解困、医疗救助、子女助学等帮扶措施。随着企业盈利能力稳步提升、生产生活条件逐步改善，职工群众在窑街煤电工作生活的安全感、获得感、归属感和幸福感不断增强。

2020年12月

带领企业发展是党委的重要使命

窑街煤电集团有限公司党委

2020年,窑街煤电集团有限公司党委坚持以习近平新时代中国特色社会主义思想为指导,深入贯彻落实习近平总书记对甘肃重要讲话和指示批示精神,始终把坚持党的领导、加强党的建设作为企业的"根"和"魂",主动将党委把方向、管大局、促落实的领导作用贯穿于企业改革发展稳定全过程,跳出煤炭这一传统能源企业的思维发展定式,引领和保证窑街煤电朝着符合新发展阶段、体现新发展理念、融入新发展格局的"三新"现代能源企业的目标奋进,企业呈现出了快速发展、充满活力、股东受益、客户满意、职工称赞、政府放心的可喜局面。

——注重把党委领导作用体现在谋划企业高质量发展方向上。窑街煤电集团有限公司是一个具有62年发展历史的省属国有重点企业,地处"一带一路"甘肃黄金段的重要地段,总部位于兰西城市群的黄金节点,东至兰州、西到酒泉的千里陇原大地上都有产业布点。集团公司党委始终牢记国有企业姓党为国的政治属性,把领导企业高质量发展作为自己的神圣使命和重要职责,引领全公司主动融入"一带一路"建设、新时代新一轮西部大开发新格局、黄河流域生态保护和高质量发展等国家重大战略,深刻领会、用好用活党中央深入推进"六稳""六保"工作任务、构建国内国际"双循环"新发展格局和省委、省政府"拓存创增"等政策措施。2020年,集团公司党委理论学习中心组集体学习25次,举办谋划2021年工作主题研讨会,分批组织全公司130名高中层管理人员和业务主管赴中国矿业大学、120名中层管理人员和50名优秀年轻干部赴省委党校脱产培训。站在发挥国有企业"六种重要力量"的政治高度,系统谋划企业"十四五"发展战略,提出"1236"发展思路,确定"丝绸之路经济带甘肃黄金段综合能源服务企业、煤炭伴生品循环利用技术方案提供企业、中国煤炭行业绿色发展的典范、高质量发展的践行者"的发展定位，聚焦"力争用三到五年时间，把集团公司建成以信息化、智能化、绿色化为主要特征，煤炭产量超1000万吨、总产值超100亿元，竞争力强、充满活力、职工幸福安康的现代能源企业"的目标愿景，激励带领矿山儿女朝着窑煤梦、陇原梦、中国梦奋力奔跑，全公司广大职工群众看到了企业发展的光明前景，对党委领导下的企业高质量发展充满了必胜信心。

——**注重把党委领导作用体现在管控企业高质量发展大局上**。面对新一轮煤炭工业革命浪潮，集团公司党委紧盯前沿、引领航向、带头领跑，积极构建具有窑街煤电特色协同发展的现代产业体系，着力培植企业发展实力和后劲。在生产矿井重大灾害耦合叠加的情况下，2020年首次实现了安全生产无事故，开创了建企62年来安全生产历史最好成绩。全年生产煤炭700.3万吨（其中：原煤570万吨、油页岩130.3万吨），上缴税金5.47亿元，资产负债率80.71%，同比下降3.61个百分点，完成工业总产值48.64亿元，营业收入36亿元，实现利润2.8亿元，比国资委下达指标增利1.3亿元，增幅达86.67%，集团公司荣获"甘肃省企业推动高质量发展贡献奖"称号。加快推进酒泉肃北-吐鲁红沙梁煤炭资源开发利用项目建设步伐，着力提高全公司煤炭产能，露天矿即将投产，2021年计划生产原煤200万吨，"十四五"期间井工矿建成投产达产，届时年生产原煤440万吨，将其打造成为甘肃混合所有制改革、企地和企企密切合作治理新模式，以及环境优美、创造价值、传递文化的示范企业。着力培育新兴产业，紧盯前沿技术，加强与中国矿大、中科院兰州化学物理研究所等高等院校、科研院所、优势企业的战略合作，重点推进油页岩半焦高值利用项目的攻关力度，目前已经建成一条年产10000吨的生物炭生产线；立足海窑井田范围内108亿立方米煤层气的资源优势，积极探索井下抽采与地面抽采相结合的全国煤炭行业瓦斯治理第三种模式即"窑街模式"，目前正在推动从单纯治理瓦斯向矿井灾害治理与煤层气清洁能源生产综合利用并重转变，今后将增加一个新的经济增长点；积极推进三矿、金河煤矿、海石湾煤矿洗煤厂和三矿井下膏体充填开采等清洁能源项目，今后将矿井生产过程中产生的矸石和城市工业建筑垃圾充填到井下，还地面青山绿水，待技术成熟后向西北五省推广，为黄河流域生态保护和高质量发展作出窑街煤电的积极贡献。

——注重把党委领导作用体现在落实企业高质量发展举措上。坚持把党的领导嵌入公司治理各环节，研究制定重大决策事项清单，确保了企业各个治理主体都按照党的意志各履其职、协同发力。全面规范落实党委（常委）会前置研究讨论是董事会、经理层、职代会决定重大问题的前置程序要求。2020年，集团公司召开党委会、常委会会议56次，研究讨论"三重一大"问题115项，提出了推进天宝煤业公司健康发展、推动产业协同发展培育新兴产业、2021年企业高质量发展和加强招投标、筹融资、职业教育等8个方面的指导意见，保证了党的领导贯穿于企业决策、执行、监督全过程。持续打造"三个六"创先争优先锋引领行动党建品牌，深入推进党支部建设标准化、"四抓两整治"、党员先锋岗、党员责任区等实践活动，2020年，创建"六强"党委3个，推荐省级标准化先进党支部3个，培育样板党支部25个，较好地发挥了企业党委的领导核心和党支部的战斗堡垒作用。巩固深化"不忘初心、牢记使命"主题教育成果，深入开展"双培养"工程、党群干部能力素质提升"三个一"（讲好一堂党课、撰写一篇心得、参加一次考试）大练兵，集团公司党校举办13类15期培训班，进一步强化了党员干部对党忠诚、勇于担当的政治品质。公开选聘中层管理人员5批28人，聘任38名技术专家和首席技能专家，实施职级与职务并行制度，14名业务主管晋升为中层副职级管理人员，去年党代会代表民主评议选人用人情况满意率达到98.6%。坚持市场化选聘人才机制，聘请科研院校博士挂职，通过网络、高校现场、委托专业机构等方式，引进大学生144人，对引进的煤矿主体专业方面的急需人才，在薪酬、福利、工作生活环境等方面给予优惠待遇，激发人才干事创业热情。2020年，全公司涌现出甘肃省劳动模范马明礼等16个省部级先进集体和个人，8个集体和个人在省部级竞赛中获奖，海石湾煤矿谢勇荣获2020年"陕煤杯"全国煤炭行业职业技能竞赛综采维修电工赛项三等奖，48名同志荣获甘肃省技术标兵称号。

2021年4月

强化培根铸魂　勇担国企责任

窑街煤电集团有限公司党委

近年来，窑街煤电集团有限公司党委始终把坚持党的领导、加强党的建设作为"根"和"魂"，引领全公司朝着现代能源企业的目标奋进，在高质量发展中呈现出了新的局面。

——坚守初心担使命。坚持把学习贯彻习近平新时代中国特色社会主义思想作为首要政治任务，认真落实"第一议题"制度，扎实开展党史学习教育，持续巩固"不忘初心、牢记使命"主题教育成果，集团公司党委以95.56%的整改率通过了省委第七巡视组的"政治体检"。建立跟进督办台账制度，推进了党中央新时代新一轮西部大开发等重大战略和省委、省政府"拓存创增"等部署要求的贯彻落实。面对全国重点监控的高瓦斯矿井的安全压力和在供给侧结构性改革中先后退出150万吨煤炭产能的发展压力，2020年首次实现了安全生产无事故，开创了建企60多年来历史最好成绩，2021年安全生产形势总体平稳；连续四年全面完成省政府国资委下达的各项目标任务，2020年荣获"甘肃省企业推动高质量发展贡献奖"称号。2021年1—8月，实现利润2.51亿元，同比增盈1.05亿元；营业收入利润率为10.44%，同比提高3.97个百分点；净资产收益率为11.54%，同比提高0.76个百分点；改革三年行动完成70%以上的任务；脱贫攻坚帮扶工作近两年分别被省委、组长单位省交通厅评为先进单位。

——注重领航把方向。集团公司党委站在发挥国有企业"六种重要力量"的政治高度，牵头制定企业"十四五"发展规划和全面推动高质量发展工作方案，确立了"丝绸之路经济带甘肃黄金段综合能源服务企业、煤炭伴生品循环利用技术方案提供企业、中国煤炭行业绿色发展的典范、高质量发展的践行者"发展定位，提出"力争用三到五年时间，把窑街煤电集团建成以信息化、智能化、绿色化为主要特征，煤炭产量超1000万吨、总产值超100亿元，竞争力强、充满活力、职工幸福安康的现代能源企业"奋斗目标，确定了"五个转变"发展思路（推动公司治理向建立中国特色现代企业制度转变、资源生产向绿色清洁高效利用转变、产业结构向技术知识密集型转变、产品结构向高附加值转变、股权结构向形式多样化转变），大力实施高质量发展"十大行动"（培根铸魂、安全生产、质量提升、管理提效、改革攻坚、创新驱动、转型升级、绿色发展、法治诚信、改善民生），强化了党员群众对企业的目标认同、情感认同。

——**嵌入治理管大局**。认真贯彻落实习近平总书记"两个一以贯之"指示精神，集团公司和二级子公司完成了修改公司章程、外部董事占多数和"双向进入、交叉任职"的领导体制改革，形成了以党委为领导核心的股东会、董事会、监事会、职代会、经理层各司其职、各负其责、协调运转的公司治理体系；制定了党委会议事规则和常委会工作规则、前置研究企业重大事项清单等。2018—2021年8月底，集团公司党委前置研究重大事项289项，提出推进天宝煤业公司健康发展、加快培育和发展新兴产业、加强职业教育提升全员素质等10个方面的重大意见。全面加强与中科院兰州化物所、中国矿大等科研院校战略合作，和兰州资源环境职业技术大学共同组建煤基产业学院，加大传统煤炭产业"四化"（机械化、自动化、信息化、智能化）改造力度，积极培育油页岩半焦高值利用、煤层气开采等新兴产业，煤矸石、油页岩等大宗废品固化利用将成为企业绿色发展的新引擎。聚焦企业债务、投资、融资、法律等10类风险，制定100多项风险防控措施，负债率从最高时的92.84%降至到76.39%。坚持每1—2年为职工做一次健康体检，群众性文体活动高潮迭起，去年在册职工人均收入同比增长11.65%，人均住房面积约32平方米。

——**党管队伍育人才**。近三年，集团公司党委在按规定召开领导班子民主生活会的基础上，每年召开一次领导班子建设专题会议，给自己树目标、找差距、定措施，不断提高领导能力，省委组织部对集团领导班子年度考核等次均为良好。自2015年以来，实行各级管理人员公开选聘、竞争上岗；加大市场化选聘力度，今年从企业外部选聘2名同志到集团公司中层管理岗位任职，近三年，集团公司党代会党代表民主评议选人用人情况总体评价基本满意率达98%以上。制定收入、住房、晋升向大学生倾斜管理办法，专设大学生公寓，近三年251名大学生落户企业，2020年人才引进数量同比提高161.11%。大力实施全员素质提升工程，选派业务骨干到中国矿大和省委党校脱产学习培训，目前有641名在岗职工参加大学本科和专科学历教育，近三年有120名同志荣获"甘肃省技术标兵"称号，建成了国家级"张国财劳模（技能大师）工作室"。

——**从严从实强组织**。自1980年以来，持续开展创先争优、民主评议党员活动，打造形成了"三个六"（六强党委、六好党支部、六优党员）创先争优先锋引领行动党建特色品牌，深入推进党支部建设标准化、"四抓两整治"，集团公司所属党支部全部达到创建标准，累计培育样板党支部25个；认真落实党务工作人员和党组织工作经费"两个1%"的规定和抓党建述职评议考核、重大决策报告、政治巡察等制度，制定完善了集团公司《党建质量提升行动实施方案》等9类126项党建工作制度；每年与基层党委（总支、支部）签订党建工作目标责任书，做到了党建和生产经营工作同步谋划部署；全面推广应用"学习强国""甘肃党建"等平台，推动了基层党建传统优势和信息技术有效融合，近两年集团公司党建工作被省政府国资委党委评定为优秀等次。

2021年10月

学习百年党史 汲取奋进力量
加快建设全国一流现代能源企业

窑街煤电集团有限公司党委

在全党开展党史学习教育，是以习近平同志为核心的党中央立足百年党史新起点、着眼开创事业发展新局面作出的一项重大战略决策。党史学习教育开展以来，窑街煤电集团有限公司各级党组织深入贯彻党中央决策部署和省委及省政府国资委党委工作安排，按照学史明理、学史增信、学史崇德、学史力行的总要求，紧扣"学党史、悟思想、办实事、开新局"这一主题，高标准组织实施、高质量推进落实，使全集团各级党组织和广大党员干部在经受政治教育、党性淬炼、精神洗礼中，思想自觉、政治自觉、历史自信不断增强，创造力、凝聚力、战斗力持续提升，从建党百年历史中汲取了加快建设国内一流现代能源企业的奋进力量。

——始终坚持党的领导，深入扎实"学党史"，形成了知史爱党知史爱国的高度自觉。集团公司各级党组织利用各类媒体平台和凸显企业特点的"自选动作"，持续兴起党史、新中国史、改革开放史、社会主义发展史学习宣传热潮，广大党员干部职工坚定不移听党话、矢志不渝跟党走的思想和行动自觉进一步提高。

一是做实全面宣讲。围绕党史学习教育各阶段重点内容，紧密结合企业60多年创业发展史，集团公司两级党委精心组织党员领导干部、党支部书记以及政工骨干，深入联系指导单位和基层党支部、一线党员职工群众，开展对象化、分众化、互动化宣讲活动740多场次，有效推动党史学习教育向基层延伸、向纵深拓展，帮助广大党员干部职工更加深刻地理解和把握党百年奋斗的重大成就、历史意义和历史经验，引导大家坚定理想信念、凝聚智慧力量，立足本职工作岗位担当作为、建功立业。

二是创新"自选动作"。突出企业特色，融入中心工作，以"党史学习教育+"的模式创新开展形式多样的学习宣传教育活动。组织党员干部赴兰州资源环境职业技术大学、省公航旅集团下属子公司开展"党建引领产教融合发展""学党史、悟思想、强党建、促发展"参观交流活动，通过参观党支部党建活动阵地、聆听党史主题党课、重温入党誓词等形式，回顾党的光辉历史，交流党建工作经验，以党建质量提升引领企业高质量发展。聚焦打赢企业安全生存保卫战，扎实开展"安全生产月"主题系列活动，保持了企业安全生产态势总体平稳。着眼激励职工群众昂扬奋进伟力，开展"中国梦·劳动美——永远跟党走，奋进新征程"劳模先进典型事迹巡回宣讲报告活动，让广大党员群众心灵受触动、思想受洗礼、精神受鼓舞，唱响拼搏奋斗之歌。各基层党支部组织党员观看《中国共产党百年述职报告》《遵义会议》《长津湖》等红色教育影片，赴红古区党史教育基地、古浪战役纪念馆、八步沙"六老汉"治沙纪念馆、岷州会议纪念馆、哈达铺红军长征纪念馆等省内红色教育基地，开展现场体验教育370多次，引导广大党员干部职工进一步强化理想信念、明确职责使命、激发拼搏动能，在推动企业高质量发展火热实践中奋力作为。结合开展庆祝中国共产党成立100周年系列活动，组织开展"永远跟党走，奋进新征程"文艺汇演和主题演讲、主题征文，"青春心向党、逐梦新时代"大学生职工联谊座谈，"献礼建党百年"主题MV、"向党说句心里话"微视频采编、"我心向党，传承有我"短视频大赛等活动，推动党史学习教育更好地深入群众、深入基层、深入人心。

三是加强宣传引导。积极调动集团各方面宣传力量，利用融媒体各种宣传平台，通过开办专题栏目、推送党史知识、深入宣传党中央决策部署和省委、省政府国资委党委工作要求，跟进宣传学习教育的重大意义、目标任务和基本要求，大力宣传全公司各单位开展学习教育的经验做法和亮点成效等1800多期次；在《党的建设》《甘肃日报》等省级主流媒体以及"学习强国""甘肃党建"等学习平台刊发反映集团公司党史学习教育做法成效的宣传稿件20多篇,为在全公司深入扎实开展党史学习教育营造了浓厚舆论氛围。

——**始终强化理论武装,入脑入心"悟思想",持续兴起学习贯彻习近平新时代中国特色社会主义思想热潮。**集团公司两级党委坚持把学习贯彻习近平新时代中国特色社会主义思想作为党史学习教育的首要任务,精心制定党史学习教育专题学习计划,明确学习要求、学习任务,注重在实施过程中结合企业实际,紧贴形势变化,推进内容、形式、方法创新,不断增强理论学习的针对性和实效性,推动集团上下进一步学深悟透党的创新理论。先后为党员职工购买配发党中央四本"指定书目"及四本"重要辅导教材"3000多册,通过开展党委理论学习中心组学习研讨、党支部"三会一课"学习研讨、职工政治理论学习日集中学习以及举办读书培训班、邀请省委党校教授作辅导报告等多种形式,组织广大党员干部通读党史学习教育指定教材,深入学习领悟党的百年奋斗史,深化对马克思主义中国化最新理论成果特别是习近平新时代中国特色社会主义思想、习近平总书记在党史学习教育动员大会上的重要讲话精神、习近平总书记"七一"重要讲话精神以及党的十九届六中全会精神的理解把握。自开展党史学习教育以来,全公司各级党组织举办专题学习1600多次,专题研讨410多次;中层及以上党员领导干部讲党课180多次,撰写学习心得490多篇;组织内部培训(读书班)124期(次),培训党员干部3970多人次。同时,充分借助"学习强国""甘肃党建"等学习平台以及中央、省上主流媒体,教育引导广大党员干部积极开展个人自学,有效扩大了理论学习的覆盖面和实效性。

——**始终坚守为民初心,用情尽力"办实事",职工群众幸福指数显著提升。**集团公司各级党组织坚持把"我为群众办实事"实践活动作为党史学习教育的重要着力点和落脚点,聚焦改善职工生产生活条件、维护职工尊严权益、帮扶困难职工"造血"脱困等民生工程,从办好做实职工群众最关心最直接最现实的小事做起，不断提高职工群众获得感、幸福感、安全感。深化安全生产专项整治三年行动办实事，以深入推进安全生产标准化管理体系建设和全员素质提升为抓手，推动安全生产形势总体保持平稳发展，有力保障了职工群众的生命健康权益。加快矿井"一优三减""四化"建设办实事，天祝煤业公司、三矿执行"四六"工作制，海石湾煤矿、金河煤矿将三班累计24小时工作制改变为22小时工作制，职工劳动强度不断降低、工作时间持续缩短。开发肃北-吐鲁红沙梁煤炭资源办实事，完成相关手续办理并投入运营，企业发展后劲不断增强。开展党员岗位建功和志愿服务活动办实事，注重发挥党支部战斗堡垒和党员先锋模范作用，开展"党旗在基层一线高高飘扬"主题党日活动110多次，全公司党员干部用行动践行初心使命、用奉献诠释责任担当。巩固脱贫攻坚成果办实事，积极开展消费帮扶，助力对口支援地区加快推进乡村振兴。提升全员素质办实事，与兰州资源环境职业技术大学共同推进煤基产业学院建设，全年开展各类培训131期，培训职工10366人次；总结表彰42项优秀职工经济技术创新成果，1120余名技术骨干参与技术比武活动，不断满足职工群众成长成才需要。深化慰问帮扶活动办实事，认真落实节日走访慰问、结对帮扶、金秋助学等措施，先后筹措资金800多万元用于慰问帮扶企业老党员、老干部、困难职工，切实把党的关怀传递到职工心里。提高职工幸福指数办实事，抓实抓细职业健康检查、疗休养、提供法律咨询服务、购买商业补充医疗保险、改善职工浴池、食堂等后勤服务条件等举措，全方位保障职工在企业中安心工作、幸福生活。

——**始终坚持担当作为，真抓实干"开新局"，企业改革发展呈现可喜变化。**集团公司党委坚持把学习教育同总结经验、观照现实、推动工作结合起来，汲取党的百年奋斗智慧力量，努力提高推进改革发展、应对风险挑战的能力水平，推动企业改革发展和党的建设等各方面工作呈现新的可喜变化。

一是坚定了政治担当。注重从党史学习教育中深刻领悟党的领导地位和坚强核心,以实际行动做到"两个维护"。集团公司党委认真贯彻落实"三新一高"要求,结合企业战略定位、目标愿景,研究制定企业高质量发展实施意见,对年度企业改革发展和党的建设各项工作作出系统安排部署,确保企业始终沿着以习近平同志为核心的党中央指明的正确方向坚定前行。注重在企业改革发展中始终坚持和加强党对国有企业的全面领导,研究制定《窑街煤电集团有限公司所属子公司在完善公司治理中加强党的领导的实施意见》,进一步明确子公司党委(总支)在公司治理中的功能定位、权责范围、决策程序、工作方式,确保企业党组织把方向、管大局、促落实的领导作用得到有效发挥。

二是拓宽了发展思路。注重从党史学习中学会用历史思维、战略思维、辩证思维、底线思维来分析形势、把握大势,引领企业自觉服从、服务于党和国家事业发展全局和全省经济社会发展大局,因势而谋、应势而动、顺势而为,主动融入"一带一路"建设、新时代西部大开发、黄河流域生态保护和高质量发展等国家重大区域战略,加快推进酒泉肃北红沙梁煤炭资源开发利用项目,洗煤厂以及油页岩半焦高值利用、煤层气资源化开发利用等煤炭及伴生资源清洁高效利用新兴产业项目;谋篇布局"光伏+"生态农业、电动重卡运输等"源网荷储"一体化发展模式新能源产业基地建设,闯出了一条安全绿色开采、清洁高效利用、产业协同发展、科技兴企强企的新路子。

三是强化了底线思维。注重从党史学习中深刻感悟党的事业发展壮大的历史逻辑、理论逻辑和实践逻辑,努力适应外部环境的变化,着力提高应对风险挑战的能力,勇担国有企业经济责任、政治责任和社会责任,统筹抓好常态化新冠肺炎疫情防控、能源保供和改革发展各项工作,营业收入、利润、净资产收益率等主要经济指标均创历史最好水平,企业稳健步入高质量发展快车道,呈现出快速发展、充满活力、股东受益、客户满意、职工称赞、政府放心的崭新局面。

四是砥砺了奋斗品格。集团公司党委深刻汲取我们党勇于自我革命的历史经验，认真履行全面从严治党主体责任，研究制定《窑街煤电集团公司党委关于加强对"一把手"和领导班子监督的实施办法》《窑街煤电集团公司管理人员能上能下实施办法（试行）》《窑街煤电集团公司党委鼓励改革创新干事创业尽职合规免责事项清单》等一系列制度办法，坚持严管和厚爱相结合，树立正向激励的鲜明导向，教育引导广大党员干部加强党性锻炼，提升精神境界，强化职责担当，迎难而上、开拓进取，以越是负重越向前的坚定勇毅，积极投身建设国内一流现代能源企业的新征程，奋力书写新时代高质量发展的窑街煤电答卷。

2021年12月

坚定信念奋进实干　续写强企报国荣光
——窑街煤电集团公司深入学习宣传贯彻党的十九届六中全会精神

窑街煤电集团有限公司党委

党百年奋斗的重大成就和历史经验鼓舞人心、催人奋进。党的十九届六中全会召开以来，窑街煤电集团公司各级党组织把认真学习宣传贯彻全会精神作为重大政治任务，深化拓展党史学习教育，精心安排、认真组织开展了一系列主题活动，在全公司迅速兴起学习宣传贯彻全会精神热潮，激励引导广大党员干部职工以史为鉴汲取百年奋斗智慧力量，在开创现代能源企业高质量发展新征程中砥砺奋进、埋头实干，续写新时代强企报国的窑街煤电篇章。

——**精心组织，系统深入学**。集团公司各级党组织把学习贯彻党的十九届六中全会精神作为理论武装工作的重中之重，作为党史学习教育的核心内容，精心制定学习计划，通过党委会会议、党委理论学习中心组学习，党支部"三会一课"、主题党日活动，党校理论教育培训班等形式载体开展专题学习，既坚持读原文、悟原理，又注重结合学习习近平总书记在党史学习教育动员大会以及庆祝中国共产党成立100周年大会上的重要讲话精神、对甘肃重要讲话和指示批示精神、关于国有企业改革发展和党的建设重要论述，全面系统学习领会和准确把握全会精神的丰富内涵与核心要义。同时，充分借助"学习强国""甘肃党建"等学习平台以及中央、省上主流媒体，帮助广大党员干部进一步学懂弄通、学深悟透全会精神，确保每一名党员干部学有所思、学有所得。

——**深入职工，灵活生动讲**。集团公司领导班子成员在坚持先学一步、学深一层的基础上，带头深入联系指导单位和基层党支部，通过讲主题党课、座谈交流、调查研究等多种形式，紧密结合企业63年改革发展史和

"十四五"发展规划,系统深入宣讲、解读、阐释六中全会精神,帮助基层党员干部职工更加深刻地理解和把握党百年奋斗的重大成就、历史意义和历史经验,引导大家坚定理想信念、凝聚智慧力量,立足本职工作岗位担当作为、建功立业。各单位领导班子成员、党群部门负责人和基层党支部书记深入区队班组、生产现场,与党员群众面对面交流学习体会、畅谈思想认识,开展对象化、分众化、互动化宣讲230余场次,以党员群众听得懂、易接受的方式和语言,推动学习宣传贯彻向基层延伸、向纵深拓展,把六中全会精神所蕴含的信心和力量传递给了每一名党员干部职工。

——全面立体,营造声势宣。集团公司党委宣传部和各单位党委(总支、支部)充分利用有线电视、门户网站、内部资料、宣传栏、电子屏、内部广播、简报以及微信公众号、抖音(快手)短视频、各类工作群组等宣传媒介,累计刊播宣传稿件390多篇,及时转载中央、省上主流媒体相关宣传报道、理论文章、专题视频、图解等,深入宣传解读六中全会提出的新思想、新观点、新论断,及时报道集团公司各单位以及广大党员干部职工学习贯彻六中全会精神的强烈反响和生动实践,集中展示新时代窑街煤电人的新形象新作为、企业改革发展的新突破新成效,营造浓厚学习氛围,形成强大舆论声势。

——坚定信念,凝聚力量干。总结历史,是为了更好地开创未来。集团公司各级党组织和广大党员干部职工深刻把握以史为鉴、开创未来的重要要求,全力推进企业各项工作提质升级,以一流发展业绩检验学习贯彻成效。深刻汲取"坚持党的领导"宝贵历史经验,毫不动摇地坚持党对我们国有企业的全面领导,认真落实"第一议题"制度,坚持每周召开一次党建工作座谈会、举办一堂专题讲座,探讨党建质量提升思路措施,提高党员干部能力素质,持之以恒把集团公司各级党组织建设得更加坚强有力,在引领推动企业高质量发展进程中,更好地发挥党委把方向、管大局、促落实的领导作用。深刻汲取"坚持人民至上"宝贵历史经验,深化拓展"我为群众办实事"实践活动。近期，集团公司党委研究提出了要在2022年为职工兴办的10件实事好事，并要求各级党组织和党员干部把全方位、多角度关心和服务职工作为一切工作的出发点和落脚点，不断提升职工群众安全感、幸福感、获得感。深刻汲取"坚持开拓创新"宝贵历史经验，全面贯彻习近平总书记关于国有企业改革发展重要论述以及对"三新一高""双碳"目标的重要要求，压茬推进深化改革三年行动，在三项制度改革、完善市场化经营机制等方面取得了实质性突破。截至目前，国企改革三年行动任务完成率已达70%以上；加快推进酒泉肃北红沙梁煤炭资源开发利用项目，洗煤厂以及油页岩半焦高值利用、煤层气资源化开发利用等煤炭及伴生资源清洁高效利用新兴产业项目，闯出了一条安全绿色开采、清洁高效利用、科技兴企强企的新路子。深刻汲取"坚持胸怀天下"宝贵历史经验，牢记"国之大者"，勇担国有企业政治责任、经济责任和社会责任，统筹推进落实常态化疫情防控、煤炭保供和生产经营等重点工作，营业收入、利润、净资产收益率等主要经济指标均创历史最好水平，企业经济运行呈现出持续稳定向好的可喜局面，力争为全省煤炭保供大局和经济社会发展作出新的更大贡献。

2021年12月

以高质量党建引领保障企业高质量全面发展

窑街煤电集团有限公司党委

窑街煤电集团有限公司党委始终把坚持党的领导、加强党的建设作为"根"和"魂",以习近平新时代中国特色社会主义思想为指引,主动将把方向、管大局、促落实的领导作用贯穿于企业高质量全面发展全过程,以高质量党建引领保障企业朝着符合新发展阶段、体现新发展理念、融入新发展格局的现代能源企业目标奋进,让"中华老字号"企业这块金字招牌焕发出熠熠生辉的时代光彩。

——**战略领航把方向,引领企业沿着正确道路不断前进**。作为甘肃大型煤炭能源企业之一,许党报国的红色基因始终流淌在集团公司各级组织的血液之中。在实现第二个百年奋斗目标的新征途上,集团公司党委坚守国有企业"姓党为国"的政治属性,引领企业沿着党指引的政治方向、发展方向、改革方向不断前进。牢牢把稳政治之"舵"。认真落实"第一议题"制度,党史学习教育、庆祝建党100周年系列活动在千里矿区如火如荼、高潮迭起,深入开展贯彻落实全国国有企业党的建设工作会议精神"回头看",2021年对照中央巡视甘肃反馈问题自查的4类4项15条问题已全部整改,上一轮党委巡察整改完成率达93.16%、群众满意率达98.32%,矿山儿女在感悟思想伟力、赓续精神血脉中践行强企报国之志。坚定走好发展之"路"。坚持把领导企业高质量发展作为神圣使命和重要职责,主动融入和服务国家重大战略,注重放大窑街煤电所处丝绸之路经济带甘肃黄金段的区位优势、煤种优良的产品优势、循环经济产业发展的先机优势。"五个转变"思路照亮了企业高质量发展前行之路,集团公司"十四五"发展规划画卷全面铺开,"十大行动"深入落实,成为国家级大宗固体废弃物综合利用骨干企业,连续四年全面超额完成省政府国资委下达的各项目标任务,综合实力位列省属国有企业前十强。特别是2021年,实现煤炭产量774.5万吨,完成工业总产值51.96亿元,营业收入48.36亿元,上缴税金同比提高52.46%,实现利润14.97亿元,比省政府国资委下达指标增利12.17亿元。同时,以更高水平的开放参与竞争、抱团发展,积极与北京煤科院、中国矿业大学、酒钢集团、华能甘肃公司等多家科研院所、高校、企业深化合作,争取并落地实施5项省部级科技项目,打造形成了具有窑街煤电特色的"政学产研用"协同创新平台。认真落实改革之"策"。认真按照习近平总书记"两个一以贯之"要求,坚定不移按下国企改革三年行动"快进键",顺利完成主辅分离,推进资产证券化步入临门一脚的关键攻坚阶段,经理层成员任期制、契约化管理覆盖率达到100%,改革任务完成率达70%以上,企业生产模式、经营体制、股权结构等正在发生质的嬗变,窑街煤电正大步走向发展史上的高光时代。

——**聚焦重点管大局,展现现代能源企业新气象**。集团公司党委始终站在党和国家大局的广度、新一轮能源革命和行业发展的维度、窑街煤电高质量发展全局的角度,心无旁骛地为建成现代能源企业管控大局,推动企业高质量全面发展与国家发展战略相协调、与行业发展趋势相契合、与企业自身发展相适应。在谋全局中构建产业协同发展新格局。牢牢把握"三新一高"导向,按照"依托煤、发展煤、超越煤"的思路,加快优化产业布局和推动产业协同发展,设计年产440万吨的酒泉肃北红沙梁煤矿露天矿已开始出煤,将地面煤矸石、工业建筑垃圾充填井下的三矿膏体充填开采项目进入火热建设阶段,油页岩半焦高值利用展现出规模化应用美好前景,探索形成井下抽采与地面抽采相结合的全国煤炭行业瓦斯治理第三种模式(即"窑街模式"),三对井工矿全部具备煤炭洗选分质利用能力,智能巡检机器人走进千米深井,建成运行2个智能化、2个自动化综采工作面,全力布局海窑地区、武威民勤、酒泉肃北三个新能源基地,正在加速构建光伏发电、窑街固废物利用热电公司调峰、矿区工业园用能、光伏+生态(防风治沙)农业、电动重卡运输等"源网荷储"一体化发展模式。在议大事中形成嵌入公司治理新机制。全面规范落实党委前置研究讨论重大经营管理事项程序,对企业重大策略制定、重大项目安排、重大风险管控、重大改革推进、重要人事任免等进行前置研究,2021年审议研究144项"三重一大"问题,就进一步加强企业党的建设、推动产业协同发展培育新兴产业等7个方面深入调研、深度思考、提出意见,推动党的主张和重大决策转化为各大治理主体的具体行动。在抓重点中彰显强企报国为民新作为。始终坚持把风险管控作为义不容辞的使命,统筹推进平安企业建设,杜绝较大及以上人身事故,疫情防控实现全员"零输入""零感染",高质量完成中央环保督察反馈问题整改工作,有效应对化解了各类风险挑战;始终把关爱职工作为坚定不移的初心,深入开展"我为群众办实事"实践活动,221项好事实事惠及广大职工群众,在册职工人均收入近两年增长16.95%,职工群众在企业工作更加舒心、生活更加体面;始终把奉献社会作为孜孜不倦的追求,真心帮扶临潭县洮滨镇5个自然村和天祝县松山镇5个易地搬迁安置村,被省委、省政府评为全省脱贫攻坚帮扶工作先进集体;全面完成电煤保供任务,为全省电煤"迎峰度夏""迎峰度冬"和疫情防控工作作出了积极贡献。

——**发挥优势促落实,推动党中央省委重大决策落地落细**。集团公司党委始终筑牢党建这一改革发展压舱石,自觉发扬自我革命精神推进全面从严治党,全面落实全国30项、全省48项党建重点任务,推动党建工作全面严起来、实起来、强起来,党建工作连续两年被省政府国资委党委考核评价为优秀等次,为党中央省委重大决策部署落地落细、实现集团公司今后三至五年"三个一"(煤炭产量超1000万吨、产值超100亿元、人均收入超10万元)发展目标提供了坚强保证,注入了强劲动力。注重凝心聚力增动能。加强舆论宣传引导、意识形态工作责任制落实,2021年全公司在《甘肃日报》《中国煤炭报》、"甘肃卫视"等省级媒体上播发新闻稿件61篇,制作企业电视宣传片2部,"精彩窑煤"抖音(快手)短视频公众号粉丝达1.27万人、点击浏览量超500万次,有效凝聚砥砺奋进的正能量。注重夯基固本强组织。持续深化"三个六"创先争优先锋引领行动，务实开展党建融入生产经营创建活动，大力推进党支部建设标准化、"四抓两整治"等工作，深入开展"党旗在基层一线高高飘扬"主题党日活动，247个党员示范岗、责任区成为矿区靓丽的先锋"底色"。2021年，7篇党建经验材料在"学习强国""甘肃党建"、《党的建设》等平台上刊发，涌现出省委和省政府国资委党委命名表彰优秀基层党组织2个、全省标准化党支部3个、优秀党务工作者和优秀共产党员2名。注重培育人才建队伍。先后与中国矿大联合举办电气自动化专业脱产培训班，与兰州资源环境职业技术大学共建全省首家煤基产业学院，2021年从企业外部选聘中层管理人员3名，引进1名白银公司中层管理人员、3名中国矿大博士生、1名煤科院首席专家来企挂职，102名大学生落户企业。党代表民主评议选人用人情况总体评价满意率达91.33%，干部职工、人才队伍与企业一起健康快速成长。2021年，全公司涌现出26个省部级先进集体和个人，7个（名）集体和职工在省部级竞赛中获奖，30名同志荣获甘肃省技术标兵称号，持续巩固"张国财国家级技能大师工作室"创建成果。

2022年3月

强化理论武装　凝聚全员共识
为推动企业高质量发展提供思想保证

窑街煤电集团有限公司党委

党的十八大以来，窑街煤电集团有限公司党委坚持以习近平新时代中国特色社会主义思想为指导，深入学习贯彻习近平总书记关于国有企业改革发展和党的建设重要论述、对甘肃重要讲话和指示批示精神作为各项工作的行动指南和根本遵循，持之以恒在深学细悟、笃信笃行上下功夫，主动把党委把方向、管大局、促落实的领导作用贯穿于企业高质量发展全过程，引领和保证窑街煤电朝着符合新发展阶段、体现新发展理念、融入新发展格局的现代能源企业目标破浪前行。

一、提高政治站位，不断完善学习贯彻习近平新时代中国特色社会主义思想的长效化常态化工作机制

集团公司党委始终把学习贯彻习近平新时代中国特色社会主义思想作为加强企业党的政治建设、思想建设的首要任务，作为提高党员干部政治能力的主要途径牢牢抓在手上，在实践中不断完善学习贯彻习近平新时代中国特色社会主义思想的长效化常态化工作机制，持续推动学习贯彻走深走实。

一是完善学习制度。党的十八大以来，先后制定完善《党委理论学习中心组学习制度》《政治理论学习评比奖励办法》《"第一议题"制度》等学习制度，从制度上保证学习贯彻工作常态化长效化开展。

二是细实安排部署。先后研究提出《关于进一步加强党员干部政治理论学习的意见》《关于推进"两学一做"学习教育常态化制度化实施方案》，每年通过印发《党委工作要点》《党委理论学习中心组学习计划》等，对学习贯彻相关工作进行安排部署。每周召开党建工作座谈会、每月召开党建工作例会，及时学习研讨、分析问题，持续推动学习贯彻向深实发展。

三是严肃督查考核。坚持把学习贯彻情况纳入年度党建工作责任制考评、意识形态工作责任制考核、纪委日常监督、党委内部巡察工作的重要内容，作为党员干部考核和提拔使用的重要依据，强化督促指导、严肃考核问责，层层压实各级党组织和党员干部学习贯彻工作责任。

四是建立报告机制。集团公司两级党委每年在向上级党组织报送的党建工作情况报告、意识形态工作情况报告中专题汇报学习贯彻工作情况；每年在党代会（党员大会）上报告学习贯彻工作情况。同时要求中层以上党员干部在述职报告、民主生活会对照检查材料中对学习贯彻情况作出专项说明，主动接受党组织和广大党员监督。

二、精心组织实施，系统学习领悟习近平新时代中国特色社会主义思想的理论精髓和核心要义

党的十八大以来，集团公司党委始终把深入系统学习领会习近平新时代中国特色社会主义思想、习近平总书记重要讲话和指示批示精神作为理论武装工作的首要任务，教育引导广大党员干部持续在学深悟透、弄通做实上下功夫，更加深刻理解习近平新时代中国特色社会主义思想的丰富内涵、核心要义和实践要求，更加全面掌握蕴含其中的马克思主义立场观点，确保学有所思、学有所悟、学有所获、学有所用，为企业改革发展奠定了坚实思想基础。

一是落实学习制度集体学。集团公司各级党组织坚持把深入学习贯彻习近平新时代中国特色社会主义思想作为各类会议的"第一议题"，及时跟进、对标对表深刻领悟"两个确立"的决定性意义，做到"两个维护"。自2020年12月建立"第一议题"制度以来，通过党委（常委）会会议、党委理论学习中心组学习会议、"三会一课"以及其他重要会议等形式，落实"第一议题"制度1900多次，持续推动习近平总书记最新重要讲话和指示批示精神在窑街煤电不折不扣贯彻落实。集团公司两级党委理论学习中心组坚持每月至少开展1次专题学习，每季度至少开展1次专题研讨，每年至少开展1次专题调研，持之以恒推动学习贯彻走深走实、入脑入心。党的十八大以来，集团公司两级党委理论学习中心组开展集体学习1700多次、专题研讨790多次，党委理论学习中心组成员结合工作实际撰写学习心得、调研报告或者理论文章4700多篇。集团公司各基层党支部充分利用党支部"三会一课"、主题党日活动等形式，积极组织党员干部开展集体学习研讨，推动党的创新理论武装不断向基层延伸拓展。集团公司各级各类组织充分利用各类工作例会、业务学习培训等形式，把学习贯彻习近平新时代中国特色社会主义思想摆在突出位置，切实将政治理论学习同工作业务相融合、同技术技能提升相融合，不断提高学习效果。

二是强化辅导培训深入学。集团公司党校将习近平新时代中国特色社会主义思想作为党员干部教育培训的重要内容，列入培训计划，开展集中轮训，着力引导广大党员干部系统领会习近平新时代中国特色社会主义思想的理论精髓，始终在思想上政治上行动上同以习近平同志为核心的党中央保持高度一致。集团公司两级党委（总支）和各基层党支部通过举办各类理论学习教育培训班、读书班、研讨班、辅导报告等多种形式，以集团公司中层以上党员干部和党支部书记讲党课为主，坚持"请进来"和"走出去"相结合，不断优化教育培训课程设置、创新教育培训形式、提高教育培训质量，推动党员干部系统全面掌握党的创新理论，不断提高解决突出问题、驾驭复杂局面的能力。党的十八大以来，集团公司党校举办以学习贯彻习近平新时代中国特色社会主义思想为主要内容的集中脱产培训48期，培训各级党员干部1740多人次；集团公司两级党委（总支）举办读书班、研讨班、辅导讲座540多场次，参加人数累计达31000多人次。

三是拓展形式载体自主学。集团公司各级党组织坚持把学习贯彻习近平新时代中国特色社会主义思想作为党员干部日常教育管理的重中之重，为党员干部职工购买《习近平谈治国理政》（第一、二、三卷）、习近平《论中国共产党的历史》《论党的宣传思想工作》等理论著作以及《习近平新时代中国特色社会主义思想学习问答》《习近平新时代中国特色社会主义思想基本问题》等重要辅导读本17000余册；每年为党员干部职工订阅《人民日报》《求是》《甘肃日报》《党的建设》等重点党报党刊用于自学。同时，教育引导广大党员干部职工不断提高学习贯彻习近平新时代中国特色社会主义思想的思想自觉、行动自觉，结合个人思想、工作实际，列出学习重点、明确重点研读书目，制订个人自学计划，充分借助辅导读本、重点党报党刊，"共产党员网""学习强国""陇原先锋""甘肃党建"等权威网络学习平台以及集团公司"图说窑煤"微信公众号、《窑街煤电》内部资料等学习载体，积极主动开展个人自主学习，努力做到真学真懂、真信真用。

四是强化宣讲宣传广泛学。集团公司两级党委领导班子成员在坚持先学一步、学深一层的基础上，带头深入联系指导单位和基层党支部，通过讲主题党课、座谈交流、调查研究等多种形式，紧密结合企业改革发展实际，系统深入宣讲、解读、阐释习近平新时代中国特色社会主义思想710多场次，帮助基层党员干部职工更加深刻地理解和把握理论体系、精髓要义，引导大家切实以习近平新时代中国特色社会主义思想武装头脑，坚定理想信念，凝聚智慧力量，立足本职工作岗位担当作为、建功立业。集团公司两级党群部门负责人和基层党支部书记深入区队班组、生产现场，与党员群众面对面交流学习体会、畅谈思想认识，开展对象化、分众化、互动化宣讲3400余次。集团公司两级宣传部门充分利用有线电视、门户网站、内部资料、宣传栏、电子屏、内部广播、简报以及微信公众号、抖音（快手）短视频等宣传媒体和平台，及时转载党中央、省上主流媒体相关宣传报道、理论文章、专题视频、图解等，深入宣传解读习近平新时代中国特色社会主义思想，及时报道学习贯彻习近平新时代中国特色社会主义思想的强烈反响和生动实践，营造了浓厚的学习氛围。

三、坚持学用贯通，引领推动企业高质量发展取得丰硕成果

党的十八大以来，集团公司党委坚持以习近平新时代中国特色社会主义思想为指引，特别是把习近平总书记关于国有企业改革发展和党的建设重要论述、对甘肃重要讲话和指示精神作为全部工作的统揽和主线，坚决贯彻落实党中央重大决策部署和省委工作要求，团结引领广大党员干部职工踔厉奋发、笃行不息，引领推动企业改革发展不断开创新局面，焕发新气象。

一是企业党的领导全面加强。深入学习贯彻习近平总书记在2016年10月10日全国国有企业党的建设工作会议上的重要讲话精神，把坚持党的领导、加强党的建设作为国有企业的"根"和"魂"，进一步发挥国有企业党组织把方向、管大局、促落实的领导作用，保证了企业始终沿着以习近平同志为核心的党中央指明的正确方向坚定前行。深刻学习领会习近平总书记"两个一以贯之"重要论述，进一步明确和落实企业党组织在公司治理中的法定地位，集团层面和子公司"党建入章"全面完成，"双向进入、交叉任职"和党委书记、董事长"一肩挑"实现全覆盖，权责法定、权责透明、协调运转、有效制衡的公司治理机制基本形成。全面规范落实党委前置研究讨论重大事项程序，先后制定窑街煤电集团有限公司《"三重一大"决策制度实施细则》《党委会议事规则》《重大事项决策程序管理办法》等制度性文件，确保党的主张和重大决策转化为企业各治理主体的具体行动。先后研究提出企业转型升级、高质量发展、培育和发展新兴产业等19个方面的指导意见，保证了党的领导贯穿于企业决策、执行、监督全过程，有力推动企业改革发展等各方面工作取得新进展。坚持建强国有企业基层党组织不放松，打造形成"三个六"（"六强"党委、"六好"党支部、"六优"党员）创先争优先锋引领行动党建品牌，集团公司所属党支部全部达到创建标准，为企业高质量发展提供了坚强组织保证。

二是企业发展质效持续向好。深入学习领会习近平总书记"坚持把提高企业效益、增强企业竞争实力、实现国有资产保值增值作为国有企业党组织工作的出发点和落脚点"的重要要求，立足新发展阶段，贯彻新发展理念，融入新发展格局，抢抓"一带一路"建设、新一轮西部大开发等国家重大战略机遇,扎实做好"六稳"工作、全面落实"六保"任务,狠抓省委、省政府"拓存创增"等部署要求,较好地完成省政府国资委下达的各项目标任务,先后荣获"甘肃省企业推动高质量发展贡献奖"、全省2020年度工业稳增长先进单位等荣誉称号。2018年盈利3.62亿元、2019年盈利3.30亿元、2020年盈利2.93亿元,2021年实现利润14.97亿元,比省政府国资委下达指标增利12.17亿元,企业资产负债率由2017年年末的89.50%降至2022年6月末的71.61%。

三是深化改革任务基本完成。认真学习贯彻习近平总书记关于国企改革发展重要论述,全面谋划实施国企改革三年行动,以增强企业活力和效益为中心,突出问题导向,精准施策,加快完善现代企业制度,健全国有资产管理体制,加强和改进党对国有企业的领导,重点推进经理层成员任期制契约化管理、"三项制度"改革、资产证券化等重点改革任务落实落地,在完善中国特色现代企业制度、建立健全市场化经营机制、持续推进供给侧结构性改革、增强企业创新发展活力、全面打造先进产业产能、积极培育新兴产业、提升党建质量等方面取得了新突破,企业竞争力、创新力、控制力、影响力、抗风险能力不断增强。

四是企业创新动能加快释放。认真学习贯彻创新发展理念,积极发挥科技创新在高质量发展中的支撑引领作用,弘扬自主创新企业精神,深化产学研融通合作,注重面向矿井安全绿色智能化开采、资源清洁高效利用、产业协同发展、职工生命健康等领域,重点在智慧矿山建设、大数据和"云计算"等现代信息技术应用、矿井"四化"建设、膏体充填开采、矿压防治技术研究、煤层气抽采利用、油页岩半焦高值利用等关键领域,集中力量攻克了一批制约企业发展和安全的关键技术难题,有力推动企业发展方式由资源依赖型向创新驱动型转变。

五是绿色低碳发展成效显著。深入学习贯彻习近平生态文明思想,认真践行绿色发展理念,持续推进煤炭安全绿色开采和清洁高效利用,全公司生产过程中的废气、废水、噪音等污染物均实现达标排放,煤层气抽采由治理灾害向治理灾害与开发利用并重转变,煤矸石、油页岩、煤泥、粉煤灰综合利用技术攻关取得重要突破,研究成果正在加速落地转化,四对井工矿均通过了国家级绿色矿山建设验收,天宝公司露天矿按照国家绿色矿山标准建设,为保障区域能源供给和生态环境保护作出了积极贡献。特别是2017年天祝煤业公司从祁连山自然保护区"扣除式"退出以来,先后投资7132.73万元用于环境治理,天祝煤业公司生态修复得到了中央办公厅环保回访组的高度认可。

六是职工群众幸福指数不断提升。习近平总书记视察甘肃时指出,让老百姓生活更幸福,就是我们党的事业。集团公司党委认真学习领会习近平总书记指示要求,坚持把全方位、多角度关心和服务职工群众作为一切工作的出发点和落脚点,每年为职工群众兴办十件实事好事,不断增强职工群众获得感、安全感、幸福感。坚持"人民至上、生命至上",把保障职工生命安全和身体健康作为职工最好的福祉,保持了企业安全生产总体平稳,经济效益持续稳定向好,职工收入逐年稳步增长。2021年,在册职工人均收入达到8.82万元,比2011年增长3.54万元,增幅66.92%。通过加快"一优三减""四化"建设、定期组织职工健康体检、提升"两堂一舍"、通勤车、班中餐等后勤服务水平,让全体职工轻松愉快、体面安全地从事煤炭行业劳动。常态化开展困难职工帮扶慰问、金秋助学、大病救助等活动,党的十八大以来,累计为困难职工发放慰问金190.35万元、发放助学金130.88万元,中层及以上管理人员结对帮扶捐助52.81万元。

七是脱贫攻坚精准帮扶工作圆满收官。认真学习贯彻习近平总书记关于打赢脱贫攻坚战重要论述,全面落实中央、省委决策部署和工作要求,坚持把精准扶贫、精准脱贫作为国有企业的政治担当和社会责任,聚焦"两不愁三保障",紧紧抓住饮水、道路、医疗、住房、绿化、教育、就业、基础设施等关键问题,全力实施党建共建、暖冬慰问、助农春耕、务工就业、绿色生态、产业帮扶、消费帮扶、教育培训、卫生健康等10大帮扶行动，特别是在2014—2017年，在企业生产经营一度举步维艰的严峻形势下，克服重重困难，坚持帮扶工作不掉线、不打折，9年间累计投入帮扶资金1088多万元，落实帮扶项目115个，助力定点帮扶的临潭县洮滨镇5个建档立卡贫困村196个贫困户如期实现脱贫摘帽。集团公司脱贫攻坚工作有6年被省委、省政府评定为最好等次，其中2年获得"甘肃省脱贫攻坚帮扶工作先进集体"称号。

新征程上，窑街煤电集团有限公司党委将持续强化理论武装，坚持用习近平新时代中国特色社会主义思想指导实践、推动发展，努力把企业建设成为竞争力强、充满活力、职工幸福安康的现代能源企业，为建设幸福美好新甘肃和实现党的第二个百年奋斗目标继续作出应有贡献。

2022年6月

不忘初心培根铸魂　牢记使命引领发展

窑街煤电集团有限公司党委

集团公司第三次党代会以来的五年，全公司各级党组织坚持以习近平新时代中国特色社会主义思想为指导，深入贯彻新时代党的建设总要求，全面落实党的十九大及十九届历次全会、全国国有企业党的建设工作会议精神，始终把坚持党的领导、加强党的建设作为企业的"根"和"魂"，主动将党委把方向、管大局、促落实的领导作用贯穿于企业高质量发展全过程，企业面貌、生产装备、职工精神发生了深刻变化。

五年来，我们坚决贯彻落实习近平新时代中国特色社会主义思想，确保企业在党的领导下服从服务于国家发展大局。 集团公司各级党组织认真落实"第一议题"制度，坚决用习近平总书记重要讲话和指示批示精神指引航向、统领工作、凝聚力量。经过"两学一做"学习教育、"不忘初心、牢记使命"主题教育、党史学习教育的洗礼，进一步强化了窑街煤电"姓党为国"的政治责任、经济责任、社会责任。五年来，围绕"六稳""六保"，集团公司党委深刻领悟"两个确立"的决定性意义，心系"国之大者"，主动融入国家"一带一路"建设、新时代西部大开发、黄河流域生态保护和高质量发展等国家重大战略，研究提出了扭转安全生产被动局面、应对煤炭市场下行形势下经营风险、促进企业转型升级、推动产业协同发展培育新兴产业、加强职业教育提升全员素质等19个方面的意见，在研究企业重大问题中把方向、管大局、促落实，确保了企业正确的政治方向、发展方向、改革方向。特别是近两年，对标世界一流企业，牵头制定并推动实施企业"十四五"战略发展规划，确立了"丝绸之路经济带甘肃黄金段综合能源服务企业、煤炭伴生品循环利用技术方案提供企业，中国煤炭行业绿色发展的典范、高质量发展践行者"的发展定位，赋予了企业服务国家重大战略和甘肃社会经济发展的神圣使命。集团上下按照"十四五"目标愿景、发展思路，大力推动"五个转变"，认真实施高质量发展"十大行动"，确保了企业"十四五"顺利开局，起步按下"快进键"，发展跑出"加速度"，使窑街煤电成为了一个有理想、负责任、勇担当，政府放心、客户信赖、职工满意的国有企业。

五年来，我们认真贯彻落实习近平总书记关于"三新一高"的重要论述，推动企业走上高质量全面发展的快车道。集团公司各级党组织立足新发展阶段，团结引领党员群众认真学习贯彻新发展理念，努力推动企业融入新发展格局、走上高质量发展之路。我们统筹发展和安全两件大事，认真践行"两个至上"，强化"两个根本"，毫不动摇地把安全工作放在"企业生存保卫战"的突出位置，明确提出"想不到是失职，做不到要问责"的安全理念，建立了"六大"安全管理责任体系，坚持"管理、装备、素质、系统"并重，推动开展安全生产专项整治三年行动，加强安全生产标准化"八位一体"管理体系和"双控"预防机制建设，积极实施"人人都是班组长"全员自主管理模式，杜绝了较大及以上人身事故，事故死亡人数同比降低75%，受伤人数同比降低90%。我们十分注重夯实企业发展基础、增强企业发展后劲，全公司投资累计约41.44亿元，同比提高46.25%，矿井智能化程度和企业信息化水平在全国同行业处于中等以上水平。我们牢固树立绿水青山就是金山银山理念，坚持生态优先、绿色发展，认真整改中央环保督察反馈问题，集团公司环保工作达到了国家要求，建成三矿、金河煤矿两座洗煤厂，四对井工矿均通过了国家级绿色矿山建设验收。我们十分注重提高企业经济效益，每年超额完成省政府国资委下达的各项目标任务，累计实现利润27.39亿元，完成省政府国资委下达计划12.65亿元的216.52%。资产负债率由2017年年末的89.50%降至2022年6月末的71.61%。近两年，企业净资产收益率、国有资产保值增值率在省属企业乃至全国同行业处于领先水平。集团公司荣获"甘肃省企业推动高质量发展贡献奖"。我们坚持以人民为中心的发展思想，先后投入1.79亿元，对职工公寓、浴池、食堂等生活设施进行改造。投入6100多万元，发放福利和困难补助、"金秋助学"等。与浙江大学、中国矿业大学、兰州资源环境职业技术大学等高校合作，全面提升职工学历、素质。2021年以来，绩效工资已占到45%以上。2021年，在岗职工人均收入9.53万元，五年内累计增幅达46.75%，职工感受到了与企业一起成长的自豪。我们勇担国企社会责任，截至2022年7月底，完成煤炭保供任务162.07万吨；沉着应对新冠肺炎疫情带来的影响，坚持常态化精准联防联控，实现了疫情"零输入""零感染"。在脱贫攻坚、乡村振兴帮扶中，投入1088万元。在年度考核中，2018—2021年，集团公司连续四年被省委、省政府评定为最好等次，其中两次被授予先进集体荣誉称号。

五年来，我们全面贯彻落实习近平总书记关于深化国企改革的重要论述，激发企业在关键环节取得突破性进展。集团公司党委坚持以供给侧结构性改革为主线，顺利完成各项改革任务。中国特色现代企业制度逐步完善，在领导体制上做到了党委书记、董事长"一肩挑"和"双向进入，交叉任职""全覆盖"；在决策程序上做到了党组织前置研究"全覆盖"；在企业运行机制上做到了制度管理"全覆盖"。市场化经营活力不断激发，集团公司和子公司的经理层全部实现任期制契约化管理，全公司各级管理人员均通过竞聘上岗。企业改革和发展吸引了大批优秀人才。五年来，聘请内外部专家55名、引进大学生402名，有200名同志荣获甘肃省技术标兵、技术能手称号，建成国家级"张国财劳模（技能大师）工作室"。有4名同志享受甘肃省高层专业技术人才津贴，4名同志取得"陇原人才服务卡"，1名同志被评为"陇原青年英才"。产业布局结构持续优化，在去落后煤炭产能150万吨的同时，通过现有矿井技术改造、重启肃北红沙梁煤矿建设项目充分释放先进产能。2022年，全公司原煤产量有望达到900万吨以上。积极争取新的煤炭资源和主动布局新能源，努力推动煤炭资源与光伏发电等新能源优势互补。大力推进油页岩半焦高值利用、煤层气抽采综合利用，生物炭、粉体材料等有望成为企业新的产品和经济增长点。科技创新迈出坚实步伐，累计研发投入2.04亿元，其中2021年研发投入占主营业务收入的2.27%，科技成果转化率达59.18%。申报自主知识产权63项，授权专利38项。与中科院兰州化物所、甘肃省农科院、中国矿业大学、酒钢集团等多家科研院所、高校及企业建立战略合作关系，解决了煤矿开采冲击地压防治、油页岩半焦高值利用、低浓度瓦斯气发电等十余项技术难题。荣获省部级奖5项，申请省市级项目2项，其中：《窑街矿区特厚煤层开采冲击地压机理及综合防治技术》获中国职业安全健康协会科学技术二等奖，《急倾斜特厚煤层水平分段开采冲击矿压防治技术研究》获第二届中国安全生产协会安全科技进步奖二等奖，《油页岩半焦综合应用关键技术研发与示范》项目获2021年度第四批省级科技重大专项立项。资产证券化工作顺利推进，完成了不动产确权办证、土地作价出资、主辅分离等主要工作，资产重组按照省政府国资委和甘肃能化集团要求，正在有序推进。在国企改革三年行动中，集团公司改革工作被省国资国企改革领导小组评定为2020—2021年度A级等次。

五年来，我们深入贯彻落实习近平总书记关于全面从严治党的重要论述，鞭策企业党建工作切实加强、质量显著提升。 集团公司各级党组织把学习贯彻习总书记关于企业改革发展和党的建设重要论述作为首要任务，把加强党的领导和党的建设作为重大政治责任，建立并落实定期向上级党组织报告党建工作制度、党建工作责任制考核制度、各级党组织书记述党建制度，深入推进"四抓两整治"和党支部建设标准化工作，持续深化"三个六"创先争优先锋引领行动，推行党建工作"五个一"（每周一次党建工作座谈、每月一次党建工作全覆盖考核、每季一次党建工作检查、半年一次党建工作总结、年终一次党建综合考评）模式，实行党支部和党员积分制管理，深入开展党建融入生产经营创建活动，实现了党委巡察全覆盖，党组织成为党员群众的主心骨。五年来，发展党员343名、处理不合格党员40名，全公司167个党支部全部建成标准化党支部。涌现出省委和省政府国资委党委命名表彰优秀基层党组织8个、标准化党支部3个、优秀党员和优秀党务工作者14名。持续加强党风廉政建设和反腐败斗争。五年来，党纪政务处分各级管理人员24人，起到了警醒教育作用。加强党对群团组织的领导。全公司有6个集体和2名个人荣获"全国工人先锋号""全国青年文明号""全国五一劳动奖章"等国家级荣誉称号。集团公司党建工作在省政府国资委党委年度考核中名列前茅。在省委对集团公司领导班子年度考核中表现良好，2021年度为优秀。

2022年8月

党群共建

抓党建、带工建、促团建,是职责所系、力量所在、发展所需。五年多来,窑街煤电集团有限公司各级党组织不断强化党群共建、同步推进理念,传承创新打造形成了具有窑街煤电特色的"三个六"创先争优党建品牌、工会"九大工程"创建品牌、共青团"六项青字号工程",以及八位一体"大监督"体系等一系列党建、工建、团建品牌工程和经验做法,形成了党、政、纪、工、团"五位一体"群策群力、齐抓共管的大党建工作格局。

五年多来,全公司各级党群组织坚守初心使命、积极主动作为,在发展中传承红色基因,在奋进中赓续精神血脉,为全面推动企业高质量发展,加快建设全国一流现代能源企业,汇聚党群共建之力、群情奋斗之志。

咬定"六强六好六优"目标
以务实创新精神深入推进创先争优活动

窑街煤电集团有限公司党委

窑街煤电集团有限公司自1980年坚持30多年开展创先争优活动不间断，特别是近年来，认真贯彻中央、甘肃省委和省政府国资委党委的要求，积极拓展活动内涵，注重创新活动载体，深入开展"三个六"创先争优活动，为企业发展提供了坚强保证。

——突出特色，务实创新，增强创先争优活动的针对性。坚持"贯彻上级精神、融入中心工作、突出自身特色、积极改革创新"四项要求，将创先争优活动深化、拓展为以争创"六强"党委（总支）、"六好"党支部、争做"六优"党员为主要内容的"三个六"创建活动（"六强"，即政治引领力强、团结协作力强、改革创新力强、推动发展力强、用人主导力强、凝聚保障力强；"六好"，即支部书记好、支委班子好、党员队伍好、制度建设好、运行机制好、工作业绩好；"六优"，即政治素质优、业务技能优、岗位业绩优、安全质量优、作风形象优、群众评价优）。通过明确创建标准、制定考核办法、完善评价细则，努力将软指标抓硬、粗指标抓细、虚指标抓实。同时，坚持分类指导，根据各单位工作性质、工作重点和业务分工不同，实行分单位制定标准、分级考评管理。这种形式和做法，得到了上级的充分肯定，先后5次在甘肃省委、省政府国资委创先争优活动《简报》和《中国煤炭工业》杂志上予以推介报道。

——讲究方法，整体推动，增强创先争优活动的指导性。坚持"四动"工作法。一是宣传舆论发动。充分利用各种宣传工具和形式，大张旗鼓深化宣传，不断提升活动参与度和知晓率，激发各级党组织和党员参与创建活动的热情。集团下属14个党委、9个直属党总支（支部）、197个基层党支部、

5060名党员全面开展创先争优,做到了横向到边、纵向到底、完全覆盖、不留空白。二是督导检查促动。采取工作汇报会、推进会、集中督查和随机抽查等方式,加大对活动的调研督查和指导检查,有效促进了活动健康发展。三是典型示范带动。近两年选树10个"六强"党委(总支)、60个"六好"党支部、200名"六优"党员进行表彰命名并集中宣传报道,比较好地形成了以点带面、整体推进的工作格局。四是严格考核驱动。把创建活动的考核管理纳入党群工作一体化考核,与二级单位班子业绩评价和中层管理人员选拔任用、年薪兑现挂钩;把"六好"党支部创建与区队(车间)月度工作目标考核挂钩;把争做"六优"党员与岗位工资、奖金兑现挂钩;集团公司实行半年一考核、年度一评审;二级单位实行每月一检查、一评比、一通报;基层党支部实行周检查、周通报、周处罚;推行单位自检—上级组织检查考核—会议确认检查结果—下发整改通知单—单位整改—上级组织复查的闭环式检查考核,切实提高创建质量和效率。

——**突出重点,狠抓深化,增强创先争优活动的深入性**。认真抓好集中核查、公开承诺、领导点评和群众评议"四项重点工作",建立"一诺三评三公开"长效机制。一是集中核查聚合力。对照学习实践活动整改方案进行"回头看",采取"包案"落实、跟踪问效、定期检查、逐条销号的办法,狠抓整改措施落实,以97.97%的整改率取信于民。二是公开承诺添动力。在承诺要求上,强调"五个体现"(体现先进性要求,体现服务中心工作,体现岗位、职责要求,体现职工群众意愿,体现务实可行);在承诺内容上,坚持共性和个性相结合,如集团公司和二级单位每年为职工群众承诺兴办10件左右涉及民生的好事实事;采掘工党员突出了带头遵章守规、带头搞好安全质量标准化的个性承诺,机关党员突出了改进工作作风、提高服务质量和办事效率的岗位承诺;在承诺审核上,严把"三关"(支部书记把好党员承诺关、支部党员大会把好支部书记承诺关、上级组织把好下级组织承诺关);在承诺方式上,开展"六亮"(党组织亮牌子、亮职责、亮制度,党员亮身份、亮形象、亮业绩)活动,全公司全体在岗党员亮出承诺,承诺书进行公示。三是领导点评激活力。采取随机点评与定期点评、集中点评与逐个点评、日常点评和会议点评、口头点评和书面点评相结合的方式，对党组织和党员创先争优情况进行领导点评。四是群众评议增效力。采取召开专题组织生活会、民主评议大会、发放征求意见表等方式，对党组织和党员承诺践行情况组织职工群众评议，并将评议结果专项记载，作为评先选优和业绩考核的重要依据。

——党群共建，全员覆盖，增强创先争优活动的凝聚性。按照党建带工建、带团建、带妇建的要求，充分发挥"三个六"活动辐射影响作用，引领群团组织创新群众性创先争优活动。集团工会组织扎实推进以职工创新创效劳动竞赛工程、民主管理阳光工程、群监协管安康工程、职工素质提升工程、班组标准化建设工程、帮扶解困惠民工程、职工文化建设工程和工会自身建设工程为主要内容的"八项工程"，共青团组织积极开展以青工安全监督岗、青工创新创效、青年文明号、青年志愿服务为主要内容的"四青活动"，形成了党群联动、齐争共创的良好局面。

——融入中心，助推发展，增强创先争优活动的实效性。紧紧围绕"在岗位上比贡献，在群众中树形象"的创先争优实践主题，将创先争优"三个六"活动与安全生产、经营提效、强化管理、和谐民生相结合，积极落实党员岗位承诺制、党员挂牌上岗亮身份等制度，凸显了"一名党员一面旗帜"的引领作用；开展"双培双建双目标管理""安全生产插红旗竞赛""党员竞赛台""党员身边无浪费、挖潜创效当先锋""四比四看"（比安全，看谁做得最好；比工作，看谁干得最多；比质量，看谁做得最优；比成本，看谁控制得最严）等形式多样、特色鲜明的主题活动，引导党员在安全生产、精细管理、挖潜增效、项目建设等各项工作中站排头、当骨干，创先进、争优秀，为实现企业发展发挥了重要作用，推动集团公司步入良性发展轨道。

2017年12月

勇扛脱贫攻坚社会责任
精准帮扶彰显国企担当

窑街煤电集团有限公司党委

坚决打赢脱贫攻坚战，让贫困地区和贫困人口同全国一道进入全面小康社会是党向全国人民作出的庄严承诺。窑街煤电集团有限公司党委认真学习践行习近平总书记关于打赢脱贫攻坚战重要论述及对甘肃重要讲话和指示批示精神，深入贯彻精准扶贫精准脱贫基本方略，勇担国企社会责任，全力帮扶对口贫困村脱贫摘帽、贫困户脱贫致富。2012—2020年投身脱贫攻坚战帮扶临潭县洮滨镇期间，直接投入帮扶资金1088万元，深入实施"366"脱贫攻坚帮扶系统工程（"三个层面"强保障、"六项举措"助发展、"六大行动"保脱贫），定点帮扶5个建档立卡贫困村和196户贫困户提前实现摘帽脱贫，与全国一道迈入乡村全面振兴的新征程。集团公司脱贫攻坚帮扶工作有6年被甘肃省委、省政府评定为最好等次，其中2年获得"甘肃省脱贫攻坚帮扶工作先进集体"称号。

——立足"三个层面"，实现帮扶工作精准到位。集团公司党委着力强化组织领导，着眼三个层面谋篇布局，建立并压实集团公司党委总揽全局、统筹谋划，脱贫攻坚帮扶工作办公室和常态工作组具体策划、务实推进，帮扶工作队夯基固本、强化落实的"分级负责制"，规范人员选派轮换、精简高效加强管理、与时俱进谋划推进、强化考核保证质效，以体制机制保障帮扶工作目标实现。一是强化组织领导，突出定向落实。认真落实"第一议题"制度，深入学习习近平总书记关于打赢脱贫攻坚战重要论述及对甘肃重要讲话和指示批示精神，召开帮扶工作专题会议24次，研究制定帮扶工作总体规划和年度工作计划；集团公司138名高中层管理人员与261户结对帮扶，先后53批次进村入户，实地调查研究，广泛征询意见，开展宣讲慰问，对症解决问题，常态化协调推进各项帮扶举措高质量实施落地，保证了帮扶机制衔接、帮扶资金投入、帮扶项目建设和帮扶措施落实。集团公司帮扶工作经验成效被"人民网"、《中国煤炭工业杂志》《甘肃经济日报》《甘南日报》等主流媒体多次刊登报道。二是强化队伍建设，激励干事创业。长期派出由9—11人组成的"帮扶常态工作组"常驻对口帮扶村开展工作，具体负责帮扶工作任务的落地实施。选拔中层后备干部或重点培养的年轻干部，到脱贫攻坚战帮扶工作一线去实践磨炼，其表现作为选拔任用、评先评优、考核评价的重要依据。集团公司党委工作部（帮扶办）每年初与常态工作组和帮扶责任人签订帮扶工作目标责任书，将责任书完成情况纳入党建工作责任制考核评价指标，以考核评价形成约束激励。集团公司相关部室、单位严格按照上级和集团公司相关规定，落实驻村帮扶人员的各类待遇，驻村帮扶人员工作生活条件持续改善。集团公司先后选派56名年轻干部赴对口帮扶村挂职锻炼，对表现特别优秀的2名同志提任为中层管理人员，6名同志提任为业务主管，1名同志聘干。三是强化履职尽责，确保帮扶实效。集团公司派驻帮扶人员把学懂弄通脱贫攻坚相关政策要求和摸清握实驻在村村情民意及发展情况结合起来，坚持调查研究，聚焦主责主业，加强宣传引领，统筹借力发力，致力于补短板强弱项，务实履行建强村党组织、健全乡村治理体系、助力就业创业、为民办事服务、"一户一策"精准脱贫帮扶、防返贫动态监测等职责，积极推进集团公司各项帮扶举措落地见效，脱贫攻坚"七大员"（脱贫政策宣传员、村情民意信息员、脱贫帮扶战斗员、项目资金监督员、农民群众服务员、乡村治理指导员和疫情防控防疫员）作用得到充分发挥。3名帮扶干部获得省级荣誉称号，7名同志获地市级荣誉称号，5名同志获县处级荣誉称号。

——实施"六项举措"，实现帮扶村脱贫摘帽。集团公司党委立足帮扶村实际，紧紧围绕"党建铸魂、文化筑基、实体固本"工作思路，大力实施推动村集体发展"六项举措",全方位、多角度提升帮扶村持续发展能力,加快帮扶村脱贫致富步伐。一是大力推进党建引领。助力5个对口帮扶村加强党支部建设标准化工作,软件硬件"双车道"提升,先后投入66.947万元,援建修缮党支部阵地,配备办公桌椅、电视投影、电脑、打印机等办公设施,制作党支部建设标准化牌板,完善更新硬件设施;择优安排集团公司样板党支部与对口帮扶村党支部开展结对"联建共创",全面提升村党支部的引领作用,形成党的建设和帮扶工作同频共振、良性互动格局。二是扶持村级集体经济。以市场为导向,因地制宜科学选择特色优势产业,投入323.655万元扶持建设中药材种植加工企业、榨油工厂、粉条加工车间等村级经济发展项目16个,开展消费订单帮扶300余万元,培育集体经济"造血"功能,拓展农特产品销售渠道。三是助推基础设施建设。先后投入164万元,帮助修建道路、改善水利、美化环境、灾后重建等,为帮扶村脱贫摘帽夯实发展基础、帮扶户致富奔小康提供硬件支撑。四是助推教育事业。在广泛宣传政策"扶智扶志"的同时,先后投入资金66.6万元,为帮扶村4所小学、1所幼儿园捐赠电脑、电视、彩打机、电子琴、图书资料、体育用品和办公设施等教学物资,为学生购买书包文具、餐饮用具等学习用品,助力乡村教育事业蓬勃发展。五是实施绿色乡村工程。深入践行"绿水青山就是金山银山"的发展理念,助力人居环境改善。9年间投入帮扶资金40万元,为帮扶村购赠树苗9055株及花籽,村容村貌有效改善,生态乡村建设水平不断提升。六是着力乡村文化建设。注重企地文化共享共建,先后投资55.58万元,捐建老年活动中心、图书馆3座,组织企业文艺宣传队赴帮扶村开展"感党恩、知党情、播文化、助脱贫"慰问演出,丰富了村民群众精神文化生活。

——开展"六大行动",实现帮扶户脱贫致富。集团公司以提高村民群众幸福指数为目标,聚焦"两不愁三保障",实施输血造血联动,扎实开展帮扶贫困户脱贫"六大行动"。一是全面开展暖冬行动。紧盯帮扶村特殊群体的现实需求,开展多轮全覆盖、多层次的节日帮扶慰问,累计投入资金

77.8万元，为帮扶户发放米面油、床上用品等慰问物资，保障广大群众基本生活。二是重点改善住房条件。为解决部分特困户无力自筹资金改造危房问题，累计投入119.47万元，为31户居住条件最差的贫困户修缮、援建、重建住房，并配备基本生活设施，贫困户住房均达到安全等级。三是深入推进医疗帮扶。先后组织医疗专家服务队前往帮扶村镇开展义诊4次，通过精准医疗帮扶，对13名患病帮扶户医疗费自费部分全额兜底，累计发放医疗补助13.9万元，彻底解决了贫困户"不敢看病"和"看病难"问题，留守儿童、孤寡老人等弱势群体健康状况持续改善。四是全面实施爱心助学。为23名贫困家庭大学生累计发放助学金6.88万元，彻底解决了贫困户子女"上学难"和家庭"因学致贫"问题，为寒门学子跳出农门反哺农村提供希望动力。五是助力发展农业生产。投入资金110.3万元助农春耕，为帮扶村群众购赠化肥、地膜等生产农资，以实际行动帮助贫困户增产增收、脱贫致富。六是推动务工就业增收。打开贫困村劳动力到集团公司就业"绿色通道"，招录52名贫困户家庭子女到集团公司就业，从根本上实现了贫困户家庭增收脱贫。同时，积极对外联系务工就业渠道，协调对口帮扶村外出务工1435人，实现了群众稳步增收。

脱贫摘帽不是终点，而是新生活、新奋斗的起点。窑街煤电集团有限公司将发挥优势主动作为，因地制宜企地共建，更好扛起社会责任，进一步做好甘肃省委新确定的对口天祝县松山镇5个易地搬迁村的帮扶工作，巩固拓展脱贫攻坚成果，全面推进乡村振兴帮扶，在乡村全面振兴的新征程中彰显国企担当，倾注企业力量，奋力书写建设幸福美好新甘肃的窑煤篇章。

2020年12月

建设更高水平的平安企业
努力为高质量发展保驾护航

窑街煤电集团有限公司党委

近年来，窑街煤电集团有限公司全面落实党中央国务院、省委、省政府关于平安企业建设的部署要求，坚决扛起维护一方稳定、守护一方平安的政治责任，统筹安全和发展两件大事，坚持"四个注重"，着力构建"大平安"工作格局，加快推进企业管理体系和管理能力现代化，企业呈现出了政治生态安定、生产经营安全、矿区和谐稳定、治安秩序良好、职工安居乐业的可喜局面。集团公司在甘肃省平安企业建设考核中多次被评为良好等次。

——**注重在提升党建质量中维护国家政治安全**。作为一个有着62年发展历史的省属国有重点企业，集团公司各级党组织始终把坚持党的领导、加强党的建设作为企业的"根"和"魂"，全力维护国家政治安全、意识形态安全。第一时间跟进学习习近平总书记重要讲话和指示批示精神，特别是习近平法治思想和习近平总书记关于平安中国建设的重要论述，深入开展"不忘初心、牢记使命"主题教育、党史学习教育和庆祝建党100周年系列活动，持续推进"三个六"创先争优先锋引领行动、"四抓两整治"等活动，全公司没有发生较大及以上影响政治安全事件、领导干部没有重大违纪违法案件、党员中没有以任何形式参与邪教的人员。认真落实党管网络意识形态原则，严格落实新媒体备案管理和新闻采编播"先审后发"制度，加强网络评论员队伍建设，健全网络负面舆情监测预警和联动处置机制，主动正面发声，及时回应引导，动态监测预警，积极稳妥处置，全公司连续多年没有出现舆论炒作和意识形态事件。大力开展文明单位创建活动，广泛开展道德模范事迹巡回宣讲、志愿服务、文明家庭创建、最美家庭评选等活动，引导职工群众积极践行社会主义核心价值观，努力使千万个矿区家庭成为企业发展、矿区安定、社会和谐的重要基点。

——注重在防范化解风险中维护企业安全发展。集团公司所属矿井中有三对为全国45户安全重点监控矿井，煤与二氧化碳突出灾害国内罕见、世界少有，加之天祝、肃北两个矿区远离企业本部和产业布点分散，长期以来防范和化解各类风险难度大、任务重。面对这一现状，集团上下认真践行"人民至上、生命至上"的安全发展理念，扎实开展安全生产专项整治三年行动，加快"一优三减""四化"和智慧矿山建设步伐，仅2020年安全投入就达3.7亿元，开创了建企以来安全生产历史最好成绩，近年来安全生产形势总体平稳，企业高质量发展环境持续改善。全面贯彻习近平总书记生态文明思想，积极推进油页岩半焦高值利用、煤矸石综合利用、洗煤厂、光伏+生态（防风治沙）农业产业园等清洁能源项目，探索形成井下抽采与地面抽采相结合的全国煤炭行业瓦斯治理"窑街模式"，在西北五省率先研究膏体充填开采这一国内领先技术，目前生产矿井有三对已建成国家级绿色矿山，为黄河流域生态保护和高质量发展作出窑街煤电的积极贡献。加强全面预算和现金流管理，落实法律顾问参与企业规章制度、经济合同和重要决策事项等合法合规性审核，有效防范资金、债务、投资、法律等各类风险，连续四年全面超额完成省政府国资委下达的各项目标任务，企业呈现出朝气蓬勃的发展生机。

——注重在源头预防化解中维护矿区和谐稳定。近年来，集团公司始终牢固树立"稳定压倒一切"的理念，探索形成了"四个一律"（即：一律由领导接访包案，一律升级调查处理，一律落实回访见面，一律思想教育疏导）和"一包一"（1名领导包1个重点人员）"多包一"（多位领导包1个重点人员）信访维稳新模式，全公司信访总量同比下降27.5%，没有发生较大及以上影响群体性事件和集体上访，保持了矿区和谐、职工队伍稳定。聚焦用工管理、工资待遇、劳动关系、工伤认定、"三供一业"分离移交、退休人员社会化管理六大重点领域,深入开展矛盾纠纷排查,积极建立"一体化""一站式"矛盾纠纷化解平台,形成"平台吹哨,部门报到"的信访工作格局,确保了矛盾不上交、不激化、不汇集。大力推进依法治企,深入开展普法宣传教育,办事依法、遇事找法、解决问题用法、化解矛盾靠法的法治思维已经在矿区深入人心。深入开展"大督查、大接访、大调研"专项活动,在认真落实单位领导信访接待日开门接访的基础上,集中开展领导干部接访下访活动,着力化解信访积案,降低信访存量,消除信访增量。各级群团组织、劳动争议调解组织深入开展矛盾排查化解、心理咨询、帮扶济困等活动,认真处理劳动用工、工资待遇、劳动争议调处等问题,构建了企业与职工休戚与共、唇齿相连的命运共同体。

——注重在加强治安管理中维护生产经营秩序。集团公司在东至兰州、西至酒泉市的千里战略通道上都有产业布点,矿区治安范围广,对象比较复杂。针对这一特点,集团上下大力实行内部治安"网格化"管理,这一做法在疫情防控中有效发挥作用,确保了全公司疫情"零输入"、全员无感染,得到省政府国资委书面表扬。集团公司集成应用5G、物联网、云计算、大数据等技术,对重点治安部位视频监测监控、红外线报警、人脸指纹识别等设施进行集中统一管理,并加强消防、交通、危爆物品等技防设施配备,初步形成网上网下融合、人防物防技防集合、打防管控一体的治安防控新格局。坚持矿区内部24小时不间断、无死角巡逻,深入开展消防专项整治三年行动、"五防"整治、公务车辆"三检三查"等活动,加强危爆物品贮存、运输、领用、退库、报废处置等各个环节管控,实现了"零"火灾、"零"超载、全覆盖目标。扎实开展禁毒宣传教育,对有吸毒史的职工每月坚持考核,并做好帮教转化工作,实现了吸毒人员无复吸、无新增。配合地方公安机关开展扫黑除恶专项斗争、打击网络电信诈骗犯罪,在全体职工中推广使用"金钟罩",保护了单位和职工财产安全。通过近年来富有成效的努力,矿区治安水平不断提高,职工违纪违法案件持续下降,连续多年没有发生生产要害部位破坏事故和重大刑事治安事件，地方政府、社会各界、职工家属对平安窑街煤电满意度指数逐年上升、并跨入非常满意区间。

2022年1月

强基固本促提升　融入中心激活力
以党支部建设标准化工作推进企业高质量发展

窑街煤电集团有限公司党委

近年来，窑街煤电集团有限公司党委始终坚持党的领导、加强党的建设，把党支部建设标准化工作作为提升党建工作质量的重要抓手，深入推进"三个六"创先争优先锋引领行动，注重在攻坚克难中发挥党支部战斗堡垒作用，在守正创新中彰显共产党员先锋模范作用，实现党建工作与生产经营深度融合、共同提高。

——**注重理论武装，全面加强党的政治建设**。集团公司党委坚持把学习贯彻习近平新时代中国特色社会主义思想作为首要政治任务，严格落实"第一议题"制度，以"三个一"政治理论学习活动（即每周进行一次政治学习、每月记写一篇学习心得、每季度党支部书记讲一堂党课）为抓手，党员干部尤其是党员领导干部发挥领学促学作用，持之以恒以党的创新理论武装头脑、指导实践、推动工作。近五年来，依托省委党校、集团公司党校、中国矿大、兰州资源环境职业技术大学等院校，联合举办学习贯彻习近平新时代中国特色社会主义思想、学习党的十九大及十九届历次全会精神等10余类80多期培训班，累计培训7000余人次；围绕坚持党的领导、加强党的建设、推动企业高质量发展等重点课题，举办20余期研讨班，形成高质量、有价值研讨材料100多篇。订购配发《习近平谈治国理政》（一、二、三卷）《论中国共产党历史》《毛泽东 邓小平 江泽民 胡锦涛关于中国共产党历史论述摘编》《习近平新时代中国特色社会主义思想学习问答》《中国共产党简史》等学习资料10000余套，印发《关于进一步加强党员干部政治理论学习的意见》，教育引导全体党员干部认真读原文、学原著、悟原理，推动学习贯彻党的创新理论走深走实，切实坚定理想信念，筑牢信仰之基。

——靠实工作责任，推动党的领导层层落实。始终把坚持党的领导、加强党的建设作为企业的"根"和"魂"，认真落实全国国有企业党的建设工作会议精神，对照全国国企党建30项重点任务及省委组织部、省政府国资委党委48项工作要求，分解落实重点任务183项，逐项认真对照推进，实现党的建设和国有企业改革发展同步谋划、党的组织及工作机构同步设置、党组织负责人及党务工作人员同步配备、党的工作同步开展。抓好领导干部这个"关键少数"，每年年初，集团公司与各二级单位同时签订党建、党风廉政建设责任书和安全、全员承包经营责任书，在明确生产经营和深化改革任务的同时，认真组织落实党建工作重点任务和党建制度改革任务，督导履行党建工作主体责任、党委书记"第一责任人"责任、班子成员"一岗双责"，着眼于党的领导融入公司治理，党的建设融入生产经营，坚持抓党建工作从抓生产经营出发，抓生产经营以抓党建工作入手，重点突出党建融入生产经营创建活动，大力开展各二级单位党委（总支）书记、副书记、党工部部长兼任党建工作比较薄弱的党支部第一书记行动，切实发挥党建"带头人"作用，实现党建工作与生产经营工作目标衔接、过程融合、落实同步，着力培育各具特色的党建品牌。

——强化制度建设，规范党支部工作。坚持把制度建设放在首位，紧紧把握"三新一高"导向，充分发挥党组织把方向、管大局、促落实作用，结合发展实际和"十四五"规划任务，提出了《窑街煤电集团公司党委关于2022年高质量发展的意见》等多方面意见，先后制定了《党建质量提升行动实施方案》《党委（总支）书记和班子成员党支部工作联系点制度》等制度，汇编11类184项党建制度，修订完善了党支部十项制度引领，为推动党支部建设标准化夯实了制度基础。严格对照《中国共产党支部工作条例（试行）》，认真贯彻《甘肃省国有企业党支部建设标准化手册》确立的6个方面27项规范标准，修订完善《党建工作责任制考核评价办法》，坚持把考评作为推进党支部建设标准化、规范化的重要手段，主动对标国内一流企业党建工作，每月对各二级单位党建工作进行考评，深入查找不足，主动发现亮点，挖掘先进经验，切实推动支部建设达标。加大对软弱涣散党支部整顿工作力度，深入开展"四抓两整治"工作，采取"一支部一方案"和开门整顿的方式，从抓书记带班子、抓培训提素质、抓投入建阵地、抓制度强规范等方面入手，持续做好先进带后进、巩固提升工作。

——严肃政治生活，夯实全面从严治党基础。严格按照《关于新形势下党内政治生活的若干准则》《县以上党和国家机关党员领导干部民主生活会若干规定》等准则规定，认真落实领导班子民主生活会、党支部"三会一课"、组织生活会、谈心谈话、党性分析、主题党日、民主评议党员及党员领导干部参加双重组织生活等基本制度。坚持把锤炼严实作风作为严肃党内政治生活的内在要求，对干部作风转变提出明确要求，聚焦形式主义官僚主义突出问题，深入开展党委巡察、党建工作检查、作风建设工作检查，深入查找整治贯彻落实党中央重大决策部署搞形式、履职尽责不担当不作为、服务群众冷硬横推、文山会海加重基层负担等4类典型问题，格局不大、理念滞后、不思进取、能力不足、纪律松弛、服务意识差等6类突出问题，教育各级党组织和全体党员干部不断提高政治判断力、政治领悟力、政治执行力。

——加强党性锻炼，打造高素质党员干部队伍。按照《2019-2023年全国党员教育培训工作规划》要求，严格对照《中国共产党党员教育管理工作条例》，结合实际，采取集中培训、集体学习、网络培训、自主选学、个人自学等方式，运用专题辅导、报告会、案例分析、现场观摩、交流研讨等方法对党员干部开展教育培训。紧扣全员素质提升目标，深入开展党群干部能力素质提升"三个一"（讲好一堂党课，撰写一篇心得体会，参加一次考试）大练兵活动，围绕企业中心工作，开展技术党课、专题党课讲解，进一步提升党员干部理论水平、政治素质、业务能力。依托"互联网+培训"模式，通过"学习强国""甘肃党建"、QQ群、"雨课堂"等网络教学平台，督促党员干部加强日常学习和自我提高,以"智慧党建"思路不断拓展党员学习培养方式,提高自我学习效果。

2022年6月

坚持"引育用留"协同发力
为企业高质量发展提供人才保障

窑街煤电集团有限公司党委

近年来，窑街煤电集团有限公司党委坚持党管人才原则，牢固树立人才是第一资源的理念，围绕企业战略目标，把加强新时代人才队伍建设摆到更加重要位置，作为推动企业高质量发展的基础性、先导性、根本性重大任务来抓，坚持"引、育、用、留"相结合，加快培育储备一支支撑企业高质量发展的人才队伍。

——**紧盯高质量发展精准引才**。坚定实施"人才强企"战略，健全完善各层次人才引进和配置机制，制定印发窑街煤电集团公司《大学生员工培养管理办法》《2019—2021年人才工作规划》等制度文件，全面实施公开、竞争、择优的市场化人才招聘和分级分类引才模式。近五年来，采取"走出去、请进来""线上+线下"相结合等多种形式，坚持市场化选聘人才机制，打破以往只招聘应届毕业生的政策限制和户籍、地域、身份、学历、人事关系等制约，联系甘肃省人力资源市场招聘、参加"访企拓岗促就业"省属企业进校园专场招聘会、"直播带岗进校园"专场招聘会等达60余场次，利用省政府国资委和甘肃人才网提供的网络视频招聘会平台，在甘肃人才网、甘肃人才网公众号、中国煤矿招聘网、甘肃省人才市场网络招聘服务平台、各相关院校发布招聘信息200余位次，成立以党委书记董事长、总经理为组长的大学生校招领导专班，分多个招聘小组赴中国矿业大学、西安科技大学、西北师范大学等高校开展校园招聘工作，引进各种优秀大学生402名，其中招聘本科生377名、硕士研究生25名。与中国矿业大学协商签订人才战略框架协议，引进中国矿业大学博士研究生3名、白银公司证券方面专业人才1名、中国煤炭科学研究院首席专家2名来集团公司科研项目建设单位和矿井生产单位挂职，引进企业中层管理人员4名。

——**紧盯高质量发展精细育才**。聚焦集团公司人才需求和人才队伍现状，制定《人才培育工程实施方案》《经营管理人才队伍建设实施方案》《管理人员学历提升方案》等，为育才提供了制度保证。通过与浙江大学、中国矿业大学、北京科技大学、西安科技大学、中煤科工集团西安研究院等国内知名院所进行产学研合作，开办管理人员提升研修班，形成管理人员培训、专业技术人员培训、矿井关键岗位培训、党员教育培训以及新员工入职培训等多层次、多渠道、全方位的培训体系；首次在全省实施产教融合项目，与兰州资源环境职业技术大学联合共建煤基产业学院，签订《校企共建煤基产业学院合作协议书》《共建煤基产业学院生产性实践教学基地协议书》，全面推行"招工即招生、入企即入校、企校双师联合培养"机制，实现了企业职工素质由企业和高校协同提升的培训教育新模式；通过集团公司承担学历提升费用的方式，鼓励各级管理人员进行自身学历、素质、能力提升；通过持续开展岗位练兵、导师带徒、技术攻关、技能大赛等活动，培养了一批高层次科技创新人才和优秀工程师、"新八级工"技能人才；通过发挥党群组织在人才培养中的聚合带动作用，在全公司党群干部中组织开展"讲写考"大练兵，已有30余名中层领导干部在集团公司融媒体平台上讲党课；组织开展"工会主席谈建家、工会干部谈体会"上讲台宣讲，已开展6期6人次；开展"党委书记讲管理"、每周一次政工干部能力素质提升座谈交流等活动，有效提升了全公司政工干部履职尽责能力，营造了学知识、懂业务、提素质的良好氛围。五年来，运用"集中学+观摩看+研讨悟+闭卷测"相结合的培训模式，选派113名高中层管理人员和13名业务主管赴中国矿业大学集中进行为期22天的脱产培训，选派41名优秀年轻中层管理人员赴浙江大学进行素质提升培训，组织180余名二级单位党委书记、中层管理人员、优秀年轻干部前往省委党校学习提升；在中国矿业大学举办电气自动化、安全工程等专业本科全脱产在校学历提升班2期、培训117人，500多名职工参加了西安科技大学、华北科技大学等高校的本科学历提升。煤基产业学院成立以来，开办各类专题专项培训班95期、培训9525人次，举办班组长素质提升班、区队长素质提升班、安全资质培训班等各类职业教育培训班42期，培训2694人次，培育培养技能人才889名。通过五年的分类施策、全面提升，共培育培养优秀年轻党群经营管理人才500多名、专业技术人才800多名、业务骨干350多名、企业新型学徒1000余名。

——**紧盯高质量发展精心用才**。制定了《编制与组织人事管理办法》《机关管理人员选拔聘任和交流任职管理办法》等，坚持把公开选聘作为选拔使用年轻干部的主渠道，深入基层近距离、经常性接触干部，准确掌握干部干了什么、干了多少、效果怎样、评价好不好，掌握干部的德才表现、重要情况和群众口碑，注重从生产一线、艰苦岗位发现优秀年轻干部。近五年，23名工作业绩突出、职工认可的"80后"干部通过集团公司公开选聘走上中层管理人员岗位，占选聘干部总数的41.07%。畅通了技术创新人才评聘晋升的职业发展通道，相继聘任技术专家55人、首席技能专家18人，评选3名"窑煤工匠"、3名煤炭行业技能大师，建设7个集团公司级"劳模（技能人才）创新工作室"和1个国家级"张国财劳模（技能大师）工作室"。推行了职务与职级并行制度，搭建中层管理人员双向交流、交叉任职机制，岗位交流中层管理人员17批74名，14名业务主管晋升为中层副职级管理人员。树立了"有为者有位"的鲜明用人导向，大力选用敢于负责、勇于担当、善于作为、实绩突出的干部，真正让想干事、能干事、干成事的有舞台、受重用。大胆使用在疫情防控、脱贫攻坚帮扶工作等急难险重任务中敢于担当、实绩突出的优秀年轻干部，对表现突出的黄周平、石向东、赵国正等8名同志进行表彰，对脱贫攻坚期间表现特别优秀的2名同志提任为中层管理人员，6名同志提任为业务主管，1名同志聘干。近五年来，择优选拔94名年轻干部走上领导岗位，其中35岁以下业务主管48名，45岁以下中层管理人员46名。

——紧盯高质量发展精诚留才。秉持机制留人、待遇留人、感情留人等强有力举措，大力营造尊重劳动、尊重知识、尊重人才、尊重创造的良好环境，为集团公司高质量发展提供了丰富的人才力量储备。一是坚持机制留人。制定窑街煤电集团公司《引进人才暂行规定》《尊重人才培养人才激励人才实施办法（试行）》《高端技术人才服务管理办法》等19项制度办法，为人才发展提供了制度保障。二是坚持待遇留人。及时掌握了解大学生工作、生活、待遇落实情况，解决各类问题，切实做好栓心留人工作。实施大学生保底工资制度，注重优化人才成长环境。妥善解决单身大学生员工吃饭、住宿问题。近五年来，发放大学生住房补贴17.36万元，并从开盘住宅楼房中拿出72套住房面向新分配大学生进行销售，另为高学历人才提供72套公寓，对表现优秀的90多名大学生给予共计60余万元表彰奖励。三是坚持感情留人。对高级专业技术人员、高级技能人才、首席专家、窑煤工匠等每年进行1次健康体检；组织开展大学生联谊座谈会、观摩活动、篮球联谊赛、歌舞比赛等活动，让大学生时刻感受到企业大家庭的温暖，激发大学生主动融入企业高质量发展生动实践。近五年引进的502名大学生中有470余人留在了集团公司发展。

　　人才是强企之基、转型之要、竞争之本。窑街煤电集团有限公司抢抓机遇、大胆探索、主动作为，坚定不移走人才强企的战略之路，让更多的优秀人才扎根窑煤、奉献窑煤，开创出了窑街煤电因人才而蓬勃发展、人才因窑街煤电发展而才能尽显的良好局面。

2022年7月

严把选人用人关
选拔培养忠诚干净担当的优秀干部

窑街煤电集团有限公司党委

窑街煤电集团有限公司党委坚持以习近平新时代中国特色社会主义思想为指导，全面贯彻新时代党的组织路线，严把"政治关、导向关、监督关"，培养选拔忠诚干净担当的优秀干部队伍。近两年，集团公司党代会代表对选人用人工作的总体评价满意率为82.57%、93.15%，对新提拔任用中层管理人员满意率为93.95%、95.61%，省委组织部对集团公司党委近两年干部选拔任用工作民主评议结果分别为98.02分、98.95分。

一、做好考察"体检"，严把选人用人政治关

集团公司党委全面贯彻落实全国、全省组织部长会议精神，突出政治标准，深入考察，仔细甄别，用好"放大镜、望远镜、显微镜"，全方位多角度近距离考察识别干部，精准"画像"，为培养选拔忠诚干净担当的优秀干部队伍提供基本组织保障。

一是用好"放大镜"强化专项考察。集团公司党委坚持以党的政治建设为统领，健全完善领导班子和中层管理人员政治素质考察评价机制，制定了集团公司《二级单位领导班子和中层管理人员政治素质考察办法（试行）》，围绕"政治忠诚、政治定力、政治担当、政治能力、政治自律"五方面专项考察，通过与领导班子成员、相关知情人员和职工群众进行个别谈话等方式广泛听取意见，结合参加二级单位领导班子民主生活会、基层党支部组织生活会等方式了解掌握管理人员日常政治表现，对考察对象政治素质进行评价鉴定。将政治素质考察评价鉴定结果作为领导班子调整配备、中层管理人员选聘任用的第一标准。近两年，集团公司中层管理人员政治素质测评90分以上的分别为99.22%、99.28%，业务主管政治素质测评90分以上的达

到100%。

二是用好"望远镜"强化日常考察。把研究事与研究人相结合，把功夫下在平时，建立日常考察及时"记账"、重点任务跟踪"扫描"的日常考察体系，将政治表现贯穿于日常工作，结合干部在急难险重任务尤其是关键时刻的精神状态、责任担当、工作情况，全面、辩证、客观、准确评价干部现实表现。近五年，通过公开竞聘，68名政治素质过硬的优秀业务主管晋升为中层副职管理岗位，24名中层副职管理人员提拔为中层正职管理人员，7名中层管理人员被省委组织部提任为省管领导干部。

三是用好"显微镜"强化任职考察。在干部选拔任用中，开展考察对象政治素质专项测评，并作为个别谈话的必谈内容，注重了解考察对象"八小时以外"的情况，注重从本人言谈举止中观察考察对象政治立场、政治担当、思想品质、价值取向等方面情况，考准干部政治表现。将政治素质考察结果作为选聘干部的重要依据，对政治素质测评分值低于80分的干部，一年内不作为提拔和进一步使用的动议人选；对群众公认度不高、民主测评总体评价"不合格"比例较高、反向测评反映问题较多的考察对象，经综合研判认定后，中止选用程序，取消考察对象资格。近两年选聘的63名中层管理人员、115名业务主管政治素质正向测评优秀率均达到90%以上，反向测评"无反映"均达到95%以上。

二、注重工作实绩，严把选人用人导向关

一是坚持事业为上，让有为者有位。集团公司党委落实公开选聘和竞聘上岗制度，坚持"事业为上、依事择人、人事相宜、人岗相适"的用人导向，制定《编制与组织人事管理办法》《关于进一步激励广大管理人员新时代新担当新作为的实施意见》等办法，大力选拔任用敢于负责、善于作为、实绩突出的干部，让想干事、能干事、干成事的干部有舞台、受重用。近三年，把在党的建设、经营管理和安全生产、"一通三防"、标准化体系建设、技术攻关等方面取得明显成效的34名技术骨干选用到5个生产矿的中层管

理人员岗位上，占领导班子成员总数的83.33%。对脱贫攻坚期间表现特别优秀的1名同志聘干，6名同志提任为业务主管，2名同志提任为中层管理人员。

二是坚持考核激励，让能干者能上。制定窑街煤电集团公司《二级单位领导班子和中层管理人员年度考核办法》和《二级单位领导班子和中层管理人员平时考核办法》，构建平时考核、年度考核、专项考核和任期考核相结合的考核体系，健全完善经常化、制度化、全覆盖的知事识人考核评价机制。通过经常性"知事"、精准性"识人"，做到知事识人相统一，充分发挥考核"指挥棒"作用，进一步增强考核评价的科学性、精准性和实效性。将年度综合考核作为管理人员薪酬兑现、职务任免的重要依据，年度考核结果占公开选聘最终成绩的40%；在岗管理人员年度综合考核得分在80分以下（不含80分）的，每降低1分，扣考核后经营责任书兑现的1%；年度综合考核结果为不称职的，按照现职务等级，降低一级。推行容错纠错、职务与职级并行制度，落实带薪休假、定期体检等制度，让干部感受组织关怀，解决干事创业的后顾之忧，着力提振广大管理人员担当作为的干事热情。近三年，晋升业务副主管管理人员93名、中层副职级管理人员14名。

三是坚持素质提升，让优秀者优先。坚持需求导向，探索"职能部门+党校""国有企业+高等院校"联合办学等培训方式。集团公司党委在生产干部中开展安全生产质量标准化体系讲座、党群干部中组织开展"讲写考"大练兵、党委书记讲管理、党群工作人员业务能力提升"大讲堂"等活动，选派113名高中层管理人员和13名业务主管赴中国矿业大学集中脱产培训，组织180余名二级单位党委书记、中层管理人员、优秀年轻干部前往省委党校学习提升，选派41名中层管理人员前往浙江大学进行素质提升培训。制定学历提升管理办法，开展学历提升活动，500多名职工参加了西安科技大学、华北科技大学等高校的本科学历提升，与中国矿业大学联合举办电气自动化、安全工程等专业本科全脱产在校学历提升班2期117人，52名管理人员参加了省委党校研究生学历提升。

三、履行管理职能，严把选人用人监督关

一是严把核查关。认真贯彻落实中共中央《党政领导干部选拔任用工作条例》和《省属国有企业领导人员管理规定》等14项制度，发挥好集团公司党委在确定标准、规范程序、参与考察、推荐人选等方面的领导把关作用。聚焦责任落实，严格落实党委书记、纪委书记对考察对象廉洁自律情况和政治表现情况双签字制度。坚持干部选拔任用"凡提四必""三龄两历一身份"档案审核制度，对档案审核存在问题、存在廉政问题或群众举报问题没有查清的干部，一律不列入推荐和考察人选范围。集团公司纪检监察部门全程参与干部公选的各个环节，认真落实干部任前征求纪委意见制度，听取纪委对拟提拔干部人选的党风廉政情况的意见，防止干部"带病上岗"。近三年以来，对30批次拟提拔和转任重要岗位的171人档案进行了核查。

二是严把程序关。注重严标准、守规矩、讲程序，进一步规范研判动议、民主推荐、组织考察、会议研究、任前公示等程序，注重把好"八关"（研判和动议关、资格审查关、面试测评关、民主推荐关、组织考察关、讨论决定关、核查公示关、纪委监督关），把公开公平、公正公信体现在选拔中层管理人员的各个环节，做到了坚持原则不动摇、执行标准不走样、履行程序不变通、遵守纪律不放松。

三是严把纪实关。实行干部选拔任用全程纪实制度，将分析研判和动议、笔试面试、民主推荐、考察、讨论决定、公示任职等六个环节的关键事项和重点内容具体化、清单化，按照"一人一档、一人一表、一事一记"要求，形成干部选拔任用工作全程纪实表，实现步步"留痕"，确保每名干部的选任过程可追溯、可倒查。落实"一报告两评议"制度，集团公司党委常委会每年年初向党员代表大会报告工作时，专题报告上年度中层管理人员选拔聘任情况，并在一定范围内接受对干部选任工作和新选任干部的民主测评。

2022年7月

坚守政治定位 提升工作质效
以高质量巡察保障企业高质量发展

窑街煤电集团有限公司党委

党委巡察工作是全面从严治党的有力支撑和重要手段，在企业中发挥着重要的"政治体检"作用。近年来，集团公司党委始终坚持以习近平新时代中国特色社会主义思想为指引，深入学习贯彻习近平总书记关于巡视工作重要论述，坚持政治巡察定位，牢牢把握"发现问题、形成震慑、推动改革、促进发展"的巡察工作方针，积极发挥政治巡察"显微镜"和"探照灯"作用，实现了第三届党委巡察高质量全覆盖目标任务，为推动企业高质量发展提供了"巡察监督保障"。

一、树牢政治意识，夯实巡察工作基础

始终坚持把巡察工作作为履行政治监督职责的有力抓手，坚决贯彻落实"两个维护"，建立完善巡察工作制度，加强巡察人员培训，规范巡察工作程序，为有效提升党委巡察工作提供基本遵循和基础规范。

强化政治定位，做到"两个维护"。坚持从"两个维护"高度认识巡察工作的战略意义，以"四个对照"为标准、"四个紧盯"为路径、"四个落实"为重点，牢固树立"国之大者"，坚持把巡察监督学习贯彻落实习近平新时代中国特色社会主义思想、党中央重大决策部署、习近平总书记对甘肃重要讲话和指示批示精神、党和国家有关政策法规、上级工作安排部署情况作为首要任务，纠正落实中的温差、落差、偏差，切实把各单位打造成为践行"两个维护"的坚强阵地；紧扣新时代新阶段新任务，聚焦疫情防控、防范化解重大风险、全面深化改革、环境治理、"十四五"规划实施等中心工作和重点任务开展政治巡察，督促各单位完整准确全面贯彻新发展理念，找准发展方位，履行好新时代赋予的职责使命，进一步强化了各级管理人员政治定力和担当意识。

抓好人员培训，注重队伍建设。建好巡察"两库"（组长库、人才库），根据政治素质、领导能力、专业素养、廉洁等情况，把党性强、经验足，善于分析研判的领导干部选入巡察工作组长库，把党建、纪检、财务、审计、项目建设等部门优秀人员充实到巡察人才库中。目前，组长库储备干部13人、人才库储备干部41人。用好培训载体，坚持"请进来""走出去""学中干""干中学"的思路，通过邀请巡视专家授课、参加省委巡视"火种计划"、巡察人员入驻前培训，以及"常+专"科学分组、"传+带"共享经验等方式，不断丰富巡察人员专业知识和工作经验，提高精准发现问题的能力。2020以来，参加巡察工作专题讲座培训120人次，省委巡视办业务培训5人次，进驻前培训29人次。

注重贯通融合，构建监督体系。深入推进巡察监督与其他监督贯通融合，坚持"组巡结合""纪巡结合""审巡结合"，积极与纪检监察监督统筹衔接，做好信息资源互通，强化整改日常监督，推动形成监督闭环，一体推进不敢腐、不能腐、不想腐；与组织、财务、审计、信访等职能部室监督协同配合，统筹好资源，做到巡前提供靶向指引、巡中提供专业支持、巡后深化成果运用；与群众监督协调互促，畅通群众监督渠道，拓宽群众监督路径，较好发挥了巡察监督促进作用和联系职工群众纽带功能。

加强制度建设，严格规范程序。修订完善《党委巡察工作办法》《党委巡察工作领导小组定期研究巡察工作制度》《党委巡察工作领导小组工作规则》《党委巡察后评估实施办法》等制度，为集团公司党委巡察工作规范运转、高效工作提供制度保障；着力增强规矩和纪律意识，严格执行请示报告制度，科学制定巡察方案，规范问题底稿，充分运用巡视工作条例赋予的权力和手段深入了解和查找问题，使集团公司党委巡察工作更加精准科学、有力有效。

二、坚持问题导向，着力提升巡察质量

始终坚持把精准发现问题作为巡察工作的生命线，紧紧围绕企业实际，聚焦巡察工作重点，坚持在党的全面领导上聚神、在推进全面从严治党上聚焦、在加强党的建设上聚力，创新优化方式方法，打好巡察"组合拳"，发挥巡察监督"助推""赋能"企业发展作用。

坚持助推全面从严治党责任落实。紧跟全面从严治党新要求，坚持严的主基调，重点从被巡察单位全面从严治党"两个责任"落实、执行中央八项规定精神、遵章守纪、廉洁从业等情况着手，突出对"一把手"监督，注重从思想上、政治上、责任上、制度上深入剖析问题根源，深度查找制度漏洞，深刻检视责任缺位，推进被巡察单位党组织全面从严治党向纵深发展，为企业发展营造了良好的政治生态。

坚持助推党的组织建设全面提升。紧盯新时代党的组织路线落实，着力查找领导班子、基层党组织和人才队伍建设方面存在的突出问题，通过巡察监督和交流，帮助基层单位找到了痼疾，提升了组工干部的业务能力，也为集团公司党委组织部进一步抓好组织工作提供了重要参考和依据。2020年以来，两轮巡察查找问题440多条，为被巡察单位提出整改意见120多条。通过边巡边改和成果运用，提高了基层单位党委工作水平和党支部建设标准化水平。近三年，集团公司党建工作被省政府国资委党委均评为"优秀"等级。

坚持助推企业安全生产目标实现。巡察工作是从源头上加强安全管理、强化风险管控的有力手段。近年来，集团公司个别单位发生安全事故，给企业改革发展带来很多负面影响，暴露出安全"红线"意识树得不牢、安全管理不到位、风险隐患整改不彻底等突出问题。在巡察中通过"认真把脉""精准点穴"，帮助被巡察单位提高政治站位，认真汲取血的教训，树牢"发展绝不能以牺牲安全为代价"的红线意识，督促各单位从体制机制、事故规律上找原因，注重提高全员安全素质，夯实安全管理基础，坚决守好守牢安全底线，着力加强安全管理体系和安全管理能力现代化建设，有效提升了安全管理水平。

坚持助推职工关注民生工作改善。始终坚持"以人民为中心"的发展思想，把维护职工群众利益贯穿巡察工作各环节、全过程，把监督的"放大镜"牢牢聚焦在职工群众最急最忧最盼的事情上，通过谈话、信访、下沉调研等方式，深入职工群众，面对面了解情况、听取意见建议，着力发现和推动解决侵害职工群众利益的人和事，发现和推动解决职工群众"急难愁盼"问题。近年来，通过巡察，积极督促相关单位整改薪酬分配、生产生活设施建设等方面的问题，提升了职工群众满意度和获得感。

三、强化标本兼治，做好"后半篇文章"

始终坚持把推进巡察整改和成果运用作为发挥标本兼治作用的关键环节，强化整改责任落实，举一反三，不断推动巡察工作成果运用走深走实。

从严从实做好问题反馈。对被巡察党组织发现的问题全面研究、分类处置，严格执行"双反馈"制度，既向被巡察党组织领导班子反馈，也向主要负责人反馈，积极邀请纪检、组织部门有关负责人参加反馈，通过不避重就轻、隔靴搔痒，原原本本、一针见血指出问题，明确被巡察单位党组织的主体责任，特别是党组织书记第一责任人，从政治高度对抓好整改落实和成果运用提出具体要求，较好地形成了"两个责任"一体落实的良性互动局面。

压紧担实抓好集中整改。坚持严格审核把关被巡察单位党委（总支）的整改方案，积极发挥"同题共答""同频共振""同向发力"作用，督促被巡察党组织对照巡察指出问题，精准分析深层次原因，制定整改方案和措施，实施挂图作战和销号管理，做到节点明确、任务到岗、责任到人，保证整改工作"件件有方案、事事有人抓"，确保了大部分问题在集中整改期及时整改落实；通过曝光、亮丑、处分等，进一步增强了各级班子和党员管理人员的政治责任意识，提升了业务能力，较好地发挥了巡察的震慑作用，推动了被巡察党组织各项工作再上新台阶。

协调配合强化整改成效。坚持把抓整改融入日常工作，融入深化改革，融入全面从严治党，融入班子队伍建设，督促集团公司有关职能部室对巡察移交的工作领域内普遍性、系统性问题，认真分析研判，加强日常监管，深化系统治理，推动解决相关工作的深层次问题；建立完善整改促进和评估机制，综合运用现场督导、回访评价等方式，跟踪掌握各单位整改落实情况，以考评推动整改，及时跟进"清零"，确保反馈问题全部整改。同时，将巡察整改作为堵塞漏洞、消除短板、建立长效机制的重要抓手，推进制度建设。近年来，各单位通过巡察整改新建制度141项、修订制度37项，补齐了制度短板，发挥了巡察标本兼治的作用。

2022年7月

涵养清廉政治生态　护航高质量发展
为全面建设现代能源企业提供坚强保证

窑街煤电集团有限公司纪委

五年来，在省委和省政府国资委党委的坚强领导下，集团公司党委深入贯彻落实习近平总书记重要讲话和指示批示精神、党中央决策部署和省委工作要求，认真履行管党治党主体责任，一以贯之全面从严治党，涵养清廉政治生态。集团公司纪检组织深刻领会"两个确立"的决定性意义，增强"四个意识"、坚定"四个自信"、做到"两个维护"，坚决贯彻中央纪委国家监委、省纪委监委和集团公司党委安排部署，充分发挥监督保障执行、促进完善发展作用，坚定不移推进党风廉政建设和反腐败工作，为集团公司顺利完成第三次党代会确定的目标任务提供了坚强保障。

一、践行"两个维护"，政治监督精准高效

牢记"国之大者"，坚持将习近平总书记重要讲话、指示批示精神和党中央决策部署落实情况作为监督首要任务，聚焦习近平总书记对甘肃、对国有企业重要讲话和指示批示精神，特别是在全国国有企业党的建设工作会议上的重要讲话精神，完善监督工作台账，建立工作督办机制，推进政治监督具体化常态化，严明政治纪律和政治规矩，督促各级党组织充分发挥"把方向、管大局、促落实"领导作用，保障党中央决策部署落地落实和企业正确的发展方向。

围绕主题教育成效强化监督。12轮次深入基层单位督导"不忘初心、牢记使命"主题教育和党史学习教育走深走实，督促各级党组织和党员干部自觉将学习教育成果转化为抓安全、促生产、办实事和推进集团公司高质量发展的实际成效，使学习教育成效惠及全体职工群众，持续增强党组织号召力、企业向心力、队伍凝聚力和职工群众幸福感。

紧盯三大攻坚战落实强化监督。聚焦防范化解重大风险攻坚战，按照集团公司党委关于应对市场下行下经营风险意见要求，督促相关单位和职能部门开展风险排查。聚焦脱贫攻坚精准帮扶，深入临潭县洮滨镇5个行政村，对集团公司帮扶常态工作组落实"两不愁三保障""四个不摘"政策和工作作风进行督查，驻村干部"百姓口碑"满意度达到96%以上，集团公司2019—2020年连续被省委、省政府授予全省脱贫攻坚帮扶工作先进集体称号。深入贯彻落实习近平生态文明思想，聚焦中央环保督查反馈问题整改强化监督，督促天祝煤业公司按照祁连山生态保护要求做好"扣除式"退出以来的环境治理工作，3次深入固废物利用热电公司现场督查，并约谈主要负责人，切实落实整改主体责任。

聚焦"三新一高"推进强化监督。制定集团公司纪委落实"十四五"规划编制实施、省委决策部署及省政府工作报告年度监督计划表和"三个突出"监督工作明细表，明确责任，跟进监督，全力推动"十四五"规划任务落到实处。加大深化供给侧结构性改革、提高职工生活品质、守住安全红线等决策部署落实情况的监督检查，对安全生产责任制度落实不力的2个党组织和履职尽责不担当、不作为乱作为的14名党员干部进行了追责问责，推动各级党组织和党员干部完整、准确、全面贯彻新发展理念。自觉服务服从新冠肺炎疫情防控大局，聚焦"保落实"6轮次深入基层单位开展督查，督促防控责任、措施落实，追责通报1名下属基层单位党组织负责人，督促三矿、海石湾煤矿党委对疫情防控措施落实不到位的3名区队干部进行了追责问责，分别给予撤职和通报批评。统筹疫情防控和"六稳""六保"做好监督，推动各生产矿坚决扛起全省能源安全政治责任，全力组织矿井稳产多产，在全省"迎峰度夏""迎峰度冬"电煤保供、疫情防控能源物资保障中，彰显了省属企业骨干作用和政治担当。

二、一体推进"三不腐"，综合效应持续显现

深刻把握腐败问题的政治本质和政治危害，始终保持战略定力和严的主

基调,将惩治威慑、监督约束、教育引导结合起来,深化标本兼治,"三不腐"一体推进综合效应进一步显现。

保持惩治腐败高压势态。坚持无禁区、全覆盖、零容忍,坚持重遏制、强高压、长震慑,坚决有效惩治腐败。五年来,集团公司两级纪检组织紧盯重点领域、关键环节和重点岗位,严肃查处招投标、技术改造、项目建设、干部选拔任用等方面的权力寻租、权钱交易和利益输送等腐败问题,对违反中央八项规定及其实施细则精神的违规问题露头就打,尤其是对利用职权吃拿卡要,对待职工颐指气使,侵害党群干群关系的问题和党员酒驾醉驾、打架斗殴等违纪破法行为严惩不贷,两级纪检组织立案审查调查此类案件15件,处理32人,处分23人。

坚持惩防并举标本兼治。将惩治腐败与严密制度、严格要求、严肃教育结合起来,针对监督检查、审查调查发现的问题,集团公司纪委制发纪律检查建议书4份,监察建议书1份,督促相关部门和单位健全完善了薪酬考核、招投标管理等制度,推动集团公司和相关单位开展了薪酬考核、招投标管理办法等制度执行的专项检查,增强了制度的刚性约束,完善了治理,提高以案促改、以案促治的自觉和质量。

强化党员干部警示教育。督促各级党组织持续强化对党员干部的党性党纪教育和廉洁文化宣传,通过以考促学、观看警示教育片和廉洁文化无声浸润,增强了党员干部的廉洁从业意识,在内心深处筑起防腐拒变的思想堤坝。发挥典型案例的警醒震慑作用,在一定范围内通报纪委查处的典型案例,用身边人、身边事警醒教育党员干部懂纪法、明底线、知红线、不触线。

三、锲而不舍查纠"四风",新风正气不断充盈

深入贯彻落实中央八项规定及其实施细则精神,驰而不息查纠"四风"。

围绕重要节点查纠"四风"。完善重要节点提前预警、事中监督检查、事后督促整改工作机制,紧盯公款吃喝、公车私用、违规使用公款购买礼品、违规发放津贴补贴、公款旅游、酒驾醉驾等老问题严肃查处,对私车公养、收受电子红包等隐形变异新问题露头就打,全公司查处违反中央八项规定及其实施细则精神问题5起，处理72人，处分24人，释放了常抓常管常严的强烈信号。

持之以恒开展作风整治。紧扣集团公司"转变作风提升工作质效推进高质量发展建设年""深入开展作风建设年活动集中整治形式主义官僚主义"和"在集团公司机关管理人员中深入开展'强党性、转作风、勇担当、抓落实'活动"，加大监督检查力度，对不担当不作为乱作为以及形式主义官僚主义等突出问题，靶向治疗、精准施治，严肃查处了供应公司相关人员履职尽责不到位致使供应商利用虚假资料中标的问题，处理7人，处分5人；对海石湾煤矿采煤机维修、供应公司与山东兖矿集团、原陇渤公司等经济纠纷案、社保中心工伤申报资料审核中不作为、乱作为的相关责任人进行了追责问责，处理13人，处分1人。

构建纠治"四风"长效机制。持续开展中央八项规定及其实施细则精神自查自纠活动，推动解决问题9个，追缴违纪资金24.46万元。督促集团公司相关部门完善了公务接待、差旅费报销、公务用车等管理制度，会同财务部开展落实中央八项规定及其实施细则精神和公务接待、差旅费报销制度执行专项检查，查出问题19条。针对存在的问题召开专题会议，明确时限，靠实责任，督促整改，增强了制度的刚性约束。

四、坚持落实落细要求，监督质效持续提升

牢牢把握监督基本职责、第一职责精准、创新监督，不断提高监督质效。

推动"两个责任"贯通联动、一体落实。紧扣《窑街煤电集团有限公司党委落实全面从严治党主体责任清单》《窑街煤电集团有限公司党委推动全面从严治党主体责任落实督查办法》《窑街煤电集团有限公司纪委日常监督清单》等制度，每年2轮次开展全面从严治党"两个责任"和党风廉政建设责任制落实专项检查考评，进一步靠实全面从严治党政治责任。

加强对"一把手"和领导班子的监督。认真落实《中共中央关于加强"一把手"和领导班子监督的意见》，依据《窑街煤电集团有限公司党委关

于加强对"一把手"和领导班子监督的实施办法》，印发了《窑街煤电集团有限公司纪委落实对"一把手"和领导班子监督措施的分工方案》，明确了责任部门、监督方式，监督推动各项任务落实。落实纪检监察机关意见必听、反映线索具体且有可查性的信访举报必查的要求，认真做好党风廉政意见回复，坚决防止"带病提拔"。增强与新任中层干部廉政谈话的政治性、针对性、实效性，强调不能仅满足于守住廉洁底线，还要以更高标准要求自己，履行好职责使命。

改进日常监督方式方法。综合运用日常监督检查、线索处置、指导民主生活会、建立廉政档案等多种方式，推进监督前移。统筹运用党性教育、政策感召、纪法威慑，坚持惩前毖后、治病救人，坚持宽严相济，落实"三个区分开来"要求，做好澄清回访和思想政治工作，激发党员干部干事创业内生动力。集团公司纪委运用"四种形态"批评教育帮助和处理110人次，第一、第二、第三、第四种形态占比分别为66%、26%、8%、0%。制定了《窑街煤电集团有限公司党委鼓励改革创新干事创业容错纠错实施办法（试行）》《鼓励改革创新干事创业尽职合规免责清单》等制度，旗帜鲜明为担当者担当、为负责者负责，两级纪检组织核查了结反映失实信访件57件，对收到不实举报的70余名党员干部在一定范围内予以澄清正名。

推动形成监督合力。研究制定《集团公司党委关于构建"大监督"体系的实施意见》，推动构建党委全面监督、纪委专责监督和巡察监督、监事会监督、审计监督、法律监督、舆论监督、职工群众监督贯通协调、畅通高效的协调监督机制。强化纪检监察机关和巡察机构"一家人"理念，巡察结束后统筹安排各部室对照被巡察单位上报的巡察整改方案，扎实推进巡察反馈问题整改，集团公司第三轮、第四轮巡察整改完成率分别为93.16%、92.8%。

五、勇于自我革命，队伍建设不断加强

适应新时代新任务新要求，持续加强思想淬炼、政治历练、实践锻炼、专业训练，不断提升服务保障纪检监察工作高质量发展的能力水平。

锤炼政治品格。坚持把党的政治建设摆在首位，自觉用习近平新时代中国特色社会主义思想武装头脑、指导实践、推动工作，把跟进学习习近平总书记重要讲话和指示批示精神作为支部的第一要务和重要内容，健全完善集体领导议事规则和决策程序，严肃党内政治生活，全面落实党建工作责任制，下大气力把队伍建强、让干部过硬。

加强专业训练。深化全员培训，积极选派人员参加中央纪委国家监委、省纪委监委举办的培训班22期，培训38人次，会同集团公司党校举办纪检干部培训班3期，培训纪检干部81人次。坚持"一案一总结""一事一总结"，开展内部问题线索处置总结分析会12次，总结分析问题线索处置的经验做法，弥补短板弱项，纪检干部法治意识、程序意识、证据意识进一步增强，依规依纪依法履职能力进一步提高。

强化监督约束。弘扬严实深细作风，纪委负责人从自身做起，要求班子成员既当指挥员又当战斗员，不当"甩手掌柜"，一级带着一级干，一级做给一级看，形成了层层负责任，层层抓落实的工作格局。自觉接受最严格的约束和监督，出台了《窑街煤电集团公司纪检监察干部"十二条"禁令》《纪检监察干部家访》等工作制度，既加强对纪检干部的监督约束，严防"灯下黑"，又强化对纪检干部的关心厚爱，激发纪检干部积极向上、忠诚干净的工作激情。

站在迈入全面建设社会主义现代化国家新征程，向第二个百年奋斗目标奋勇前进的关键年，全公司纪检监察干部将以习近平新时代中国特色社会主义思想为指导，忠诚践行"两个维护"，牢固树立以人民为中心的发展思想，一刻不停推进党风廉政建设和反腐败斗争，以全面从严治党的新成效凝聚人心、勠力同心，为加快建设新阶段现代化美好窑街煤电提供坚强保障。

2022年8月

放歌煤海传情　砥砺奋进强企
——窑街煤电集团有限公司工会工作巡礼

窑街煤电集团有限公司工会

近年来，窑街煤电集团有限公司工会始终坚持服务企业工作大局，紧盯职工需求导向，切实发挥职能优势，丰富创新工会"大学校"平台建设，规范深化民主管理，坚持服务职工常态化，大力推进"家"文化建设，多措并举保障职工群众合法权益，积极构建和谐劳动关系，着力打造职工信赖、和谐温暖的职工之家，为推动企业高质量发展有效发挥了工会组织作为党联系职工群众的桥梁纽带作用。

坚定不移跟党走

近年来，集团公司工会以习近平新时代中国特色社会主义思想为指导，深入学习贯彻党的十八大、十九大精神和中国工会十六大、十七大精神，在甘肃省委、省政府国资委党委、集团公司党委和省总工会、省煤炭工会的正确领导下，坚持依靠方针，服务企业大局，维护职工权益，凝聚奋斗合力，全面推进"八大工程"、落实"十大行动"，团结动员广大职工发挥主力军作用，在企业渡危求存、脱困发展和高质量发展的主战场上，以坚定不移跟党走、越是艰难越向前的奋斗姿态和实际行动，交出了一份写满忠诚、担当、有为的时代答卷。

集团公司工会始终把团结引导职工听党话、跟党走作为重要政治责任，坚定不移践行中国特色社会主义工会发展道路，注重发挥党联系职工群众的桥梁纽带作用，坚持用习近平新时代中国特色社会主义思想和党的十九大精神、中国工会十七大精神武装工会干部、教育职工群众、指导工作实践，通过举办专题报告会、研讨交流会、学习培训班、巡回展演赛等形式，广泛开展"中国梦·劳动美""坚定信念跟党走、建功立业新时代"等主题宣传教育活动，使广大职工在党的创新理论中得到滋养与洗礼，增强了推进企业发展和追求美好生活的信念，凝聚起了坚定不移跟党走、群情奋斗攻难关的强大合力。

多年来，集团公司工会深入组织开展"群防群治保安全、强化管理降成本、深挖潜力提效益"为主题的一系列建功立业劳动竞赛、技术革新、技能培训、岗位练兵、合理化建议、双增双节等职工经济技术创新活动，有效促进了全公司安全生产、经营利润等主要经济技术指标顺利完成。特别是2015年以来，面对企业生存发展的艰难困境，全公司各级工会组织坚持"党委有号召、工会有行动"，以树信心、鼓干劲、助脱困、促发展为首责，积极动员广大职工投入安全生产、维护稳定、改革自救、扭亏脱困攻坚战，促进企业在逐年大幅减亏的基础上，2017年整体扭亏为盈，2018年实现利润3.62亿元，2019年实现利润3.30亿元，2020年1—5月实现利润6254万元，比进度计划增利4万元，在确保企业改革发展稳定大局中发挥了工会的独特优势和重要作用。集团公司党委副书记、工会主席朱新节深有感触地说："我们各级工会组织增强'四个意识'，坚定'四个自信'，做到'两个维护'，走出了一条具有时代气息、国企品格的窑煤特色工会工作创新发展之路，得到了上级、职工群众的认可和好评，连续20年保持了全国模范职工之家称号。这是集团公司党委和上级工会组织亲切关怀与正确领导的结果，是集团公司行政和各级组织大力支持的结果，也是全公司广大职工、工会工作者和工会积极分子团结拼搏、接续奋斗的结果。"

建队育人强根基

提高职工队伍素质，既是企业高质量发展的迫切需要，也是各级工会组织义不容辞的责任。集团公司工会始终把培育知识型、技能型、创新型职工队伍作为推动企业高质量发展的基础工程，精心组织开展建功立业、技能提升、劳模引领、工匠示范、职工创业、班组创效、劳模创新、群监协管等"八项行动"，动员激励广大职工为逐圆中国梦、陇原梦、窑煤梦贡献智慧和力量。

2005年以来，先后选树重奖五类十大英模典型650名，培育涌现"全国工人先锋号"金河煤矿综采队、"甘肃省工人先锋号"海石湾煤矿综采二队、"全国五一劳动奖章"获得者赵国正、"十大陇原骄子""甘肃省劳动模范"张国财、"甘肃省五一劳动奖章"获得者白义年等9个国家及省部级劳动竞赛先进集体和16名英模人物；深入开展"安康杯"竞赛、班组标准化建设、"人人都是班组长"全员自主管理、群监协管竞赛等活动，2005年以来，全公司两级工会组织先后开展安全文化宣讲、安全辩论赛、送温暖献爱心等活动2350多次、排查安全隐患32700多起（次）、制止违章75900多人次、走访帮教"三违"人员5400多人次，集团公司、三矿等单位荣获全国"安康杯"竞赛优胜企业称号；全面实施职工素质提升行动，组织开展各类岗位练兵、技术比武活动253场次，参加职工31745人次，先后培育省级技术能手和技术标兵625名，有934名职工通过竞赛取得了职业技能等级证书，15名职工分别获得全国、全省煤炭系统职工技术比武优秀奖；积极开展"金点子"合理化建议征集活动，先后征集职工合理化建议9773条，实施8173条，创造（节约）价值5738万元；大力开展职工技术创新创造活动，两级工会组织累计申报职工技术革新和发明创造成果176项，其中5项获全省经济技术创新成果二等奖、3项获三等奖、14项获优秀奖，并培育打造了5个职工（劳模）创新工作室。2019年，三矿职工张国财被命名为"全国煤炭行业技能人才大师"，张国财（技能大师）工作室率先创建达标成为国家级工作室，集团公司连续13年被评为甘肃省职工职业技能素质提升活动优秀组织单位。

职工队伍建设是集团公司工会常抓不懈的工作，保证了职工队伍的稳定和素质的进一步提升，夯实了企业发展的根基，以人为本的管理理念已深植于企业改革发展中。忆往昔峥嵘岁月稠,看现在难忘赤子情。前几年,由于煤炭行业经济下行、企业经营举步维艰,最困难时部分职工半年拿不上工资,人心涣散,有不少人在去留中彷徨。有企业开出年薪40万元聘请张国财去担任技术顾问,被他婉言谢绝,依然选择扎根矿山,奉献窑街煤电。有人说他傻,而他心中却有对企业不了的情愫!有记者采访时,张国财深情地说:"作为窑煤职工子弟,我个人的成长进步离不开企业的教育和培养。在企业最艰难时刻,若选择离开,做不到!我认为只有大家同心同德、共克时艰,曙光总会出现。窑煤这个大家庭养育了我,我有责任和义务呵护她,在这里体现人生价值,这是无法用金钱来衡量的。"张国财只是集团公司工会建队育人的一个缩影,在这个企业里还有无数像张国财一样的职工扎根矿山献青春、感恩报企谋发展,不断书写着人生拼搏奋进的华彩篇章!

维权帮扶暖人心

维护职工合法权益、竭诚服务职工群众是工会组织的基本职责,也是调动广大职工积极性、主动性、创造性最重要最基础的工作。集团公司工会牢固树立以职工为中心的发展思想,坚持把职工对美好生活的向往作为奋斗目标,注重发挥自身优势,竭诚服务职工群众,积极参与困难职工子女就业、企业社会后勤职能移交、化解过剩产能退出等方案及职工安置方案的制定和修改,确保了企业社会后勤职能移交、矿井有序退出、职工平稳分流安置,有效维护了企业和职工合法权益。

在制度建设方面,紧紧围绕企业改革改制、资产重组、化解过剩产能安置职工等重大事项,着力强化制度建设,严格落实民主决策,积极开展平等协商,修订续签集体合同,使职代会制度成为企业民主管理和工会发挥维权职能的有效机制。2005年以来,集团公司职代会和团组长联席会议审议通过61项改革方案、实施办法和工作意见,督促落实各类提案兴办实事317条(件),兑现率达98.5%;全公司累计公开重要事项3790余项,有效维护了职工群众的知情权、参与权、表达权和监督权。

在民主评议方面，坚持每年在职代会上民主评议集团公司中层以上管理人员，做到了测评结果、年度考核、人员聘用与工作实际挂钩，并每年组织职工代表巡视检查，督促解决涉及职工切身利益的重点难点问题和职工群众反映强烈的热点焦点问题；在厂务公开方面，坚持把队务班务公开作为关键环节和着力重点，严格执行区队班组经济分配"三联审、五公开、一上墙"制度，及时对区队班组工资、奖金分配和各类经济处罚二次分配方案进行全程公开，做到了职工需要知道什么就公开什么、什么问题突出就公开什么；在帮扶解困方面，坚持开展困难家庭精准帮扶活动，在组织中层及以上管理人员与困难职工家庭结对帮扶、金秋助学、节日慰问、医疗救助和招聘困难家庭子女就业的基础上，结合实际制定困难职工家庭脱困解困方案和"一户一策"帮扶措施，通过多种帮扶措施助力困难职工家庭早日脱困。

2006年以来，全公司累计走访慰问职工群众、工病亡职工遗属、伤残人员等各类困难群体56406人（户，次），发放慰问金1200.8万元；帮扶困难职工10124人次，发放补助金216.7万元；帮扶特困家庭911户（次），发放补助金98.5万元；为考入大中专院校的特困职工子女及上高中子女849人开展"金秋助学"活动，报销学费87.9万元；解决困难职工家庭子女就业1546人，有效促进了"三不让"目标实现，增强了工会组织的感召力和凝聚力。集团公司荣获全国厂务公开民主管理先进单位荣誉称号。

厚植文化促和谐

多年来，在集团公司各个矿区，一场又一场群众性"展演赛"活动蓬勃开展，培育厚植了成风化人的精神土壤，有力激发了广大职工务实进取的拼搏干劲，处处充盈着团结和谐的生机活力。集团公司工会坚持把培育践行社会主义核心价值观作为首要任务，深入扎实推进"全民健身、文化聚力"行动，通过丰富多彩的文化体育活动教育职工、感染群众，春节社火、元宵灯展、"三八"女职工才艺展演、职工运动会、广场文化节、红歌合唱大赛、庆祝国庆节文艺节目汇演、职工书画摄影刺绣展系列活动等,在节日放歌,给矿山添彩,为发展助力。同时,通过开设职工书屋、创建文化阵地、组建各类文体协会和业余团队,做到了文化活动渐次开展、文明之花竞相绽放。

2005年以来,全公司举办各类文化体育活动500余场次,参加职工达4万多人次,各类文艺演出100余场次,大型舞蹈《脊梁》《崛起》《祖国万岁》登上了金城剧院、甘肃大剧院等省内最高文化艺术殿堂,特别是职工业余文工团深入挖掘、提炼和精心编排演出的庆祝建企55周年和60周年大型音乐舞蹈史诗《大通河畔采光人》《扬帆远航的窑煤》,以其丰厚的艺术感染力和视觉冲击力,为矿区万名职工家属再现了窑煤创业发展的奋斗史篇,生动诠释了窑煤儿女"自主创新办矿,奉献精神育人"的宝贵品质,较好地发挥了"外树形象、内聚力量"的引领促动作用。2005年以来,先后组织参加全省国企文艺汇演、市区文体比赛,获得各类集体奖项奖牌112项(个),个人奖项奖牌175项(个)。集团公司、三矿、金河煤矿多次被中煤协会授予"群众文化工作先进单位"和"与祖国同庆、健康同行"优秀组织奖荣誉称号。

注重建家添活力

工会的活力在职工,工会的基础在会员。只有把广大职工最大限度组织到工会中来,工会组织才有活力,工会工作才有力量。集团公司工会深入学习贯彻中国工会十六大、十七大和党的群团工作会议精神,坚持强"三性"、去"四化"、促"三转",树牢"四个意识"、坚定"四个自信"、做到"两个维护",不断坚定走中国特色社会主义工会发展道路的思想自觉和行动自觉,主动扛起、推动落实引领职工听党话、跟党走的政治使命和政治责任。金河煤矿女职工马庆兰、天祝煤业公司职工程俊山分别当选为中国工会十六大、十七大代表,光荣参加了全总盛会。

集团公司各级工会组织以党的群众路线教育实践活动和"三严三

实""不忘初心、牢记使命"主题教育为契机,深入扎实开展"工会组织亮牌子、工会干部亮身份"和"下基层、访职工、办实事、抓落实、促发展"活动,各级工会干部严格落实"五联系"工作制度和以"十送"(送思想、送安全、送技能、送慰问、送欢乐、送清凉、送健康、送帮扶、送温暖、送祝福)、"十到家"(职工结婚生子送祝贺到家、乔迁新居送帮助到家、逢年过节送关爱到家、天灾人祸送温暖到家、工伤生病探望到家、亲属去世送慰问到家、职工缺勤访问到家、"三违"受罚帮教到家、家庭纠纷调解到家、职工情绪不稳定谈话到家)、"十个到一线"(政治担当引领一线、安全宣教讲在一线、慰问祝福送到一线、技能练兵常在一线、评先树优突出一线、健康关爱深入一线、安全协管跟紧一线、心理疏导做在一线、权益保障兜底一线、搭建平台服务一线)为主要内容的"三个十"工作法,尽心服务企业、竭诚服务职工,积极帮助职工群众解决"三最"问题和实际困难。同时,大力开展争创"六强"(委员会团结好、引导力强;民主管理好、维护能力强;群众基础好、凝聚力强;组织机制好、向心力强;作用发挥好、战斗力强;基础工作好、活动力强)先进工会、"五好"(主力军作用发挥好、民主作用发挥好、纽带作用发挥好、大学校作用发挥好、组织作用发挥好)模范职工之家创先争优活动,积极带动女职工工作、工会财务管理、经费审查、廉政建设、劳动保险、劳动保护、业务培训、理论研讨、建家工作提质效上水平,涌现出了一大批工会工作先进集体和个人。

2006年以来,创建集团公司级"五好"模范职工之家60个、"五好"模范职工小家294个,创建"甘肃省模范职工小家"6个、"模范职工之家"2个、全国"模范职工之家"1个。集团公司60多年的发展实践证明:各级工会组织不愧是党联系职工群众的桥梁和纽带,各级工会干部不愧是职工群众的"娘家人"。

新时代赋予工人阶级新使命,新征程呼唤工会组织新作为。站在穿越历史的新起点,伴随时代发展的主旋律,窑煤集团工会将坚持以习近平新时代中国特色社会主义思想为指导，紧盯集团公司党委提出的"用三到五年时间煤炭产量超1000万吨、产值超100亿元"的奋斗目标，动员引导职工群众积极实施"五个转变"发展思路和"十大行动"发展举措，阔步走向更加美好的明天。我们相信，集团公司工会在集团公司党委的正确领导下，紧紧围绕上级工会的部署要求和集团公司的奋斗目标，不忘初心，砥砺前行，倾力打造具有时代气息、国企品格、窑煤特色的新时代企业工会，必将开创窑煤工运事业新局面，团结动员广大职工在建设高质量发展新窑煤的伟大实践中，争作新贡献，展示新风采。

2022年8月

守初心砥砺奋进出实招
担使命号角齐鸣促发展
——窑街煤电集团有限公司工会2021年工作纪实

窑街煤电集团有限公司工会

2021年，窑街煤电集团有限公司工会紧紧围绕集团公司"十四五"发展战略规划和企业中心工作，以宣传教育、创新创效、民主管理、群监协管、素质提升、班组建设、常态帮扶、文化建设、自身建设"九大工程"为载体，以构建和谐劳动关系为主线，以提升职工群众安全感、获得感、幸福感为根本目的，创新工作思路，创建工会品牌，团结带领广大职工群众"工"艰克难、"会"聚力量，在企业高质量全面发展中有力发挥了职工群众的主力军作用。

——融入大党建，"增三性、去四化"突出政治引领。集团公司工会始终站在忠诚党的事业、竭诚服务职工的政治高度，站在让广大职工群众安全生产、体面工作、幸福生活的全局维度，牢牢把握"增三性、去四化"要求，积极融入企业大党建，注重发挥党建带工建和工建促党建的能动作用，教育引领广大职工听党话、感党恩、跟党走，实现了党建工建互促共荣。有效运用支部主题党日、"三会一课"等方式，强化工会党建工作，拥护"两个确立"，树牢"四个意识"，坚定"四个自信"，坚决做到"两个维护"。深入开展党史学习教育和"中国梦·劳动美"主题教育、企业形势任务宣讲等系列活动。以庆祝中国共产党成立100周年为主线，鼓励职工群众利用多种方式反映在党的领导下职工群众生产生活发生的巨大变化和获得感、幸福感、安全感，讴歌广大职工群众爱国爱党爱企爱岗的深切情怀。本级工会微信公众服务号推送党史、工运知识、防疫知识等图文42期175篇，《中国煤炭报》《甘肃工人报》、"学习强国""中国煤炭工业"和"今日头条"甘肃省总工会官方账号先后刊发集团公司工会系统宣传稿件17篇，筑牢了广大职工在实现中国梦、陇原梦、窑煤梦生动实践中奋力前行的思想基础和行动自觉。

——筑架连心桥，"善作为勇担当"促进和谐发展。集团公司工会聚焦新形势、新目标、新任务，不断健全民主管理机制，加强民主管理工作，筑起企业与职工连心桥，构建和谐劳动关系。发挥民管"智囊团""连接器""防腐剂"等功效，召开职代会审议涉及职工切身利益、企业发展的重大事项，通过开展企业和职工双方"有事好商量、遇事多商量，有难题共同解决、有困难共同承担"集体协商，签订集体合同和年度工资集体协商、劳动安全卫生、女职工权益保护专项集体合同，寻求双方利益平衡点、共同点，同舟共济，共渡难关。民主评议10名集团公司领导班子成员、28名新提任中层管理人员，征集督办5类15条职工代表提案，职代会闭会期间组织召开团（组）长联席会5次，审议通过13项涉及职工切身利益的重大事项；组织开展民主管理工作、维护职工合法权益专项检查，坚持司务、矿务、队务、班务"四级"公开，督导落实"三联审、五公开、一上墙"制度，全公司公开1373次311项，职工群众知情权、参与权和监督权得到保障，夯实了千里矿区和谐稳定的群众基础。

——抗疫一盘棋，"防扩散阻输入"守住一隅净土。在全省上下众志成城、万众一心抗击新冠肺炎疫情的特殊时期，根据上级工会和集团公司党委疫情防疫工作部署要求，集团公司工会积极响应党组织号召，切实发挥桥梁纽带作用，勇担社会责任，将防疫工作纳入工会职工劳动保护工作范畴，坚决守护职工群众生命健康安全。筹集配套资金为各基层单位井口、区队、车间、班组、职工餐厅、门卫等处坚守防疫一线职工和困难职工家庭配发口罩、防护服、牛奶、方便面、瓶装水等防疫物资与慰问品2500余份，织密了企业防疫网格，保障了职工生命安全与健康，把党的关怀和企业的温暖送到了职工群众心中，让坚守在疫情防控一线的职工切实感受到了来自党和政府、上级工会和企业的关心温暖。

——情系困难户，"凝共识聚力量"彰显国企担当。集团公司工会秉承"上为党组织分忧，下为职工群众解难"的理念，精准动态帮扶企业困难职工和困难家庭，强化"十送""十到家""十到一线"等普惠服务工作。筹措24.48万元为2448名生产矿采掘一线职工、酒泉天宝煤业公司职工送去粽子，投入235.75万元慰问企业深度困难职工、困难家庭、1-6级伤残人员、工病亡职工遗属等困难群体6713人（户），为工亡职工子女补助学费2.76万元，为234名职工子弟发放助学金20.45万元，组织中层及以上管理人员自筹8.9万元走访慰问企业困难群体90户，基层工会投入6.19万元补助临时困难职工143人。组织1000余名女职工观看亲子关系心理健康和插画视频讲座，"六型"（规范型、学习型、创新型、和谐型、温暖型、安康型）职工之家（小家）创建活动不断深化，涌现出"全国模范职工小家"——天祝煤业公司综采一队等先进典型。

——培育标杆群，"尊劳模敬工匠"强化典型示范。集团公司工会始终把坚持学习劳模精神、劳动精神、工匠精神，尊重劳模、尊重劳动、尊重工匠作为践行社会主义核心价值观的具体实践，政治上关心、生活上照顾、工作上支持劳模工匠。采取组织33名在岗劳动模范等先进代表和4名高技能人才代表分别赴苏州、陇南、武威疗休养，举办多场次劳模工匠先进典型事迹巡回宣讲报告会、劳模工匠典型微视频展出等活动，营造尊重关爱劳模、崇尚争当劳模的浓厚氛围；采取巩固"张国财国家级技能大师工作室"创建成果，以技术创新、管理创新、服务创新为方向，积极开展劳模（技能人才）创新工作室创建工作，制定《劳模（技能大师）创新工作室创建命名管理办法》《工匠命名管理办法》，使创新工作室成为职工成长的"小课堂"、技术创新的"孵化器"、成果转化的"中转站"，做到了制度保障、目标明确，形成以全国示范性创新工作室为引领带动集团级创新工作室蓬勃发展的良好局面。张其堂荣获2021年度"全国五一劳动奖章"。

——提升新技能,"勤练兵大比武"激发劳动热情。集团公司工会以"当好主人翁、建功十四五"为主题,经常开展岗位练兵、技能培训等活动,动员职工提升素质,积极投入到矿井智能化建设之中。组织举办16个工种的职工岗位技能大赛,获得"山西焦煤杯"——全国煤炭行业职业技能竞赛优秀组织奖,表彰奖励48名"甘肃省技术标兵"和113名"集团技术标兵"。积极开展劳动竞赛,实施岗位创效、建功立业活动,征集职工优秀技术创新成果、合理化建议、先进操作法72项,总结表彰近4年征集评选的42项优秀职工经济技术创新成果,其中海石湾煤矿《6224-1综采工作面皮带集中控制系统设计制作》被评为甘肃省职工技术成果三等奖。狠抓班组建设工作,夯实安全基础,分批组织374名群监员、185名协管员和家属协管员参加群安工作培训,深入开展安全宣传咨询日等安全月活动,为13个生产单位配发安全生产宣传资料,组织全公司各级工会投入22.36万元开展防暑降温慰问活动,深化"安康杯"竞赛和疫情防控志愿服务活动,开展劳动安全卫生法律法规落实情况问卷调查,监督落实职业卫生、劳动用工、劳动保护、职业病防治等职工权益,职工生命安全和劳动健康权益得到有效维护。坚持以督导落实"三联审、五公开、一上墙"制度和"六型"职工小家创建活动为重点推进"和谐型"班组建设,推动班组全员自主管理不断深化,助力企业安全生产周期向更长迈进。

——紧盯新目标,"巧发力织密网"助力安全生产。集团公司工会发挥女职工"半边天"和群安协管独特优势,巧手织密群监、群防、群治"安全网",做细做实群安协管工作,筑牢安全生产亲情防线。通过开展女职工维权月行动、线上诵读、短视频拍摄、主题征文等系列活动,为企业疫情防控、安全生产作出了积极贡献。天祝煤业公司运输队绞车班被授予"全国五一巾帼标兵岗"荣誉称号。通过组织开展安全宣讲、知识问答、井口送清凉、安全家书诵读、"三违"帮教、签订夫妻安全互保联保合约等形式多样的活动，提高了广大职工群众的安全意识。1名职工撰写的文章荣获甘肃省总工会"一封家书"征文活动优秀奖；2名女职工制作的短视频荣获甘肃省"职业健康达人"Show短视频优秀作品奖。

——镌绣新蓝图，"出精品亮特色"厚植文化根基。集团公司工会借助重大节日迎庆，举办健康向上的职工文化体育活动。开展了以"浓浓新春味、深深工会情"为主题的"两节"期间职工文体活动、向基层"进万家送万福"等活动。加强"职工书屋"素质提升特色文化载体建设，夯实了职工文化根基。基层各单位相继开展了职工运动会；围绕庆祝中国共产党成立100周年系列活动，精心筹办庆祝"三八"国际劳动妇女节文艺汇演1场、庆祝建党100周年文艺演出2场，举办线上学习党的十九届六中全会精神有奖答题、职工短视频大赛、微视频征集表彰等活动，组织4500余名职工积极参与全国职工线上运动会，组队参加省政府国资委主办的文艺演出、红古区文艺汇演和全省职工乒乓球比赛，征集展出职工书画摄影手工作品140件，为丰富职工精神文化生活提供了一场艺术盛宴，被中煤文联评为全国煤矿文化艺术工作先进单位。在"党的光辉照矿山"全国煤矿书法作品展览活动中，集团公司工会上报多部作品，其中2名职工的书法作品分别入展和入选，有效提升了企业的知名度和美誉度。

——打铁自身硬，"练内功提素质"锻造战斗团队。"工欲善其事，必先利其器"。集团公司工会始终注重加强自身建设，积极发挥"工会宣传、职工书屋、网络培训"等阵地作用，采取细研讨、勤交流等方式，引领工会干部提升素质，苦练本领，当好娘家人。制定并落实工会和女职工工作要点，形成了涵盖16项重点工作的"我为群众办实事"任务清单、10项重点工作的庆祝建党100周年系列活动清单，与全国工会知识服务平台"学习强会"积极对接，组织145名工会专兼职干部开展为期11天的线上集中培训，组织54名工会专职干部参加中华全国总工会举办的专题网络培训，45名工会专职干部参加"深入学习贯彻党的十九届六中全会精神"专题网络培训学习，2800

余名各级工会工作者、女职工和会员代表参加省总工会举办的4期网络培训，工会财务管理、资产管理、廉政建设等工作齐头并进，企业组织建会率、职工入会率达100%。

　　历史在继往开来中前行，事业在接续奋斗中成就。踏上新的赶考路，窑街煤电集团有限公司工会将踔厉奋发、笃行不怠，牢牢把握工会工作的政治性，始终坚持党的领导；牢牢把握工会工作的先进性，始终坚持融入中心；牢牢把握工会工作的群众性，始终坚持服务职工；牢牢把握工会工作的创新性，始终坚持与时俱进。持续办好事实事，在件件实事中惠民生，在点点滴滴中暖人心，争做企业改革发展的坚定推动者和职工合法权益的积极维护者，团结引领广大职工群众争当逐梦者、奋进者、搏击者，以优异成绩迎接党的二十大胜利召开。

2022年2月

讲好职工故事　凝聚职工力量
唱响工会宣传教育"大合唱"

窑街煤电集团有限公司工会

近年来,在省总工会、省煤炭工会的坚强领导和关心指导下,按照窑街煤电集团有限公司党委的部署要求,集团公司工会坚持宣传铸魂、教育奠基、文化聚心、体育固本,强化职工群众的主人翁责任感,唱响工会宣传教育"大合唱",集团公司被评为2019—2020年度"全国煤矿文化艺术工作先进单位"。

——宣传铸魂,弘扬新时代企业精神。一是把好政治方向,建阵地强化思想教育。始终牢记党全心全意依靠工人阶级办企业的方针,清醒认识工会组织的职责使命,以工会主席带头宣讲,带动各级工会干部走上讲台、深入车间班组谈认识讲体会。开通"职工之家"微信公众号,借助集团抖音(快手)号等平台,构建"工会传统媒体、网络媒体、新媒体融合发展"的宣传格局。2019年以来,在集团公司工会微信公众号推送党史、工作动态等宣传稿件399篇,在《中国煤炭报》《甘肃工人报》、"学习强国"等媒体刊发宣传稿件24篇。通过多方位、立体式宣传,坚定了职工群众听党话、感党恩、跟党走的信念。二是聚焦劳模工匠,树典型弘扬时代精神。每年大规模举办劳模事迹巡回报告会、劳模工匠典型视频展播等活动,"妻子重病期间坚守岗位、心中留下永远遗憾"的甘肃省劳动模范马明礼等先进典型的感人事迹引发职工强烈反响,"扎根煤海一线,争做最美奋斗者"成为广大职工的共识。三是抓实"九大工程",塑品牌扩大企业影响。大力宣传报道工会系统推进"九大工程"的做法成效,打造具有全省国有企业工会影响力带动力"工"字特色工作品牌。2019年以来,涌现出"全国模范职工小家"天祝煤业公司综采一队、"全国五一巾帼标兵岗"天祝公司运输队绞车班、"甘肃省创新型班组"金河煤矿掘进二队三班等先进集体。这些先进,成为了集团公司"开采光明、传承文明"企业精神代表的重要组成部分。

——**教育奠基,培育新时代职工队伍**。一是全员培训,助推职工成长成才。依托职工书屋、职工讲堂等,常态化开展"导师带徒""人人都是班组长"竞赛和"每日一题、每周一课、每月一考、每季一评"教育培训活动,每年组织工会干部参加宣传工作培训、"工会主席谈建家、工会干部谈体会"系列活动。2019年以来,11名工会干部走上了党支部书记、党委副书记等重要管理岗位,45名业绩突出的职工公开竞聘为队长和业务副主管。二是劳模引领,激励职工建功立业。加强劳模创新工作室创建,印发《工作室创建命名管理办法》《工作室创建实施意见》《工匠命名管理办法》,以劳模创新平台带动职工人才队伍建设,涌现出"全国煤炭行业职业技能竞赛"综采维修电工三等奖获得者谢勇等一批先进典型。三是技能提升,促进职工创新创效。经常举办岗位练兵、实操技术交流活动,带动技术革新、发明创造等群众性经济技术创新创效活动蓬勃开展。2019年以来,建成国家级技能大师工作室、煤炭行业级和省级示范性创新工作室3个,114名职工荣获甘肃省技术标兵和技术能手,3项技术创新成果获省部级奖项。

——**文化聚心,打造新时代企业风尚**。一是牢把关键,强化平台建设。充实职工文化体育工作联合会,成立12个专项协会、16支职工文艺服务队,建立320余名文艺积极分子信息库。注重文艺积极分子选拔培养,并通过声乐演艺讲座、专业老师现场排练指导等方式,加大文艺爱好职工培训,不断壮大职工文艺骨干队伍。二是创新方式,优化活动内容。精心筹办庆祝"三八""五一""七一""安全生产月"等重要节点大型文艺演出,开展以"浓浓新春味、深深工会情"为主题的元旦、春节大型灯展、送春联、猜谜语等文化活动,每年开展职工文艺汇演、短视频大赛、书法摄影作品展、征文朗读等活动,丰富矿区职工文化生活。三是紧贴职工,细化基层活动。

以基层单位每月至少举办一次集中文体活动为量化目标，积极开展职工群众寓教于乐的文体活动，为职工家属送去精神食粮。海石湾煤矿"欢乐项目行"、三矿"我爱我家"等文化品牌活动，丰富了职工业余文化生活；2名职工书法作品入选"党的光辉照矿山"全国煤矿书法作品展，展现了新时代窑街煤电人的精神风貌。

——**体育固本，强健新时代创业体魄**。一是固化"快乐工作、健康生活"理念。投入352万元工会经费升级改造千人职工活动中心舞台设施，各基层工会管理的塑胶篮球场、羽毛球场、乒乓球室、健身房等场所日均开放超过8小时，提升职工身心健康，打造幸福企业。二是完善"齐抓共管、统筹联动"体系。整合两级工会资源，逐级承办大型体育赛事，构建形成"党政工团齐抓共管、文体联合会统筹规划、各专项协会具体组织、各基层单位支持配合"的工作格局和运行机制，实现了节日活动规律化、日常活动制度化、重大活动专题化、阵地活动经常化。三是举办"常态开展、赛事纷呈"活动。每年统筹举办一届"职工运动会"，每月常态化开展篮球、乒乓球、棋牌等职工群众喜闻乐见的小型文体活动，组队参加全省和红古区各类体育赛事。连续三年获得"全国煤矿体育工作"先进单位称号。

踏上新的赶考路，窑街煤电集团有限公司工会将坚持以职工为中心的工作导向，不断探索工会宣传教育工作的新载体新模式，推动政策理论与基层地气相结合、传统品牌与现代手段相结合、内部阵地与外部资源相结合，为职工铺就"体面劳动、舒心工作、全面发展"的"康庄大道"，进一步把工会建设成职工成长成才的平台、幸福生活的乐园。

2022年6月

创新工作思路 凝聚青春力量
在企业高质量全面发展征程中奏响时代新声

窑街煤电集团有限公司团委

习近平总书记指出："青年工作，抓住的是当下，传承的是根脉，面向的是未来，攸关党和国家前途命运。"窑街煤电集团有限公司团委以巩固党的青年基础、提升团组织动力活力、服务团员青年成长成才为目标，注重引领广大团员青年传承红色基因，在学习实践中墩苗健骨，在磨砺锤炼中进取担当，全力打造一支适应、推动企业高质量全面发展的后备军、生力军。集团公司团委和所属团组织多次荣获甘肃省、全国煤炭行业"五四红旗团委（团支部）"、全国"五四红旗团支部""青年文明号""青年安全生产示范岗"等称号。

一、创新学习形式，强化政治理论武装

以情境式融合深化青年思想政治教育。集团公司团委坚持把学习贯彻习近平新时代中国特色社会主义思想作为首要政治任务，通过在哈达铺红军长征纪念馆开展"喜庆建党百年、勇担青春使命"红色教育主题团日、集体观看红色教育影片主题团课等一系列"沉浸式""情境式"宣传教育实践活动，引导团员青年筑牢思想根基，不断增进政治认同、思想认同、情感认同。创新开展"听党话、跟党走、作表率"等系列主题教育实践活动，构建青年"四学"（各级团组织班子重点学、"三会一课"专题学、落实讲话精神贯通学、开展主题活动现场学）长效机制，有计划、分步骤、多层面推动思想政治学习进部门、进班组，引导团员青年从习近平总书记的成长之路和奋斗历程中汲取精神力量，坚定理想信念。扎实推进"青春铸魂"工程，激励团员青年坚定不移跟党走，建功新时代。近五年，有164名优秀团员积极主

动申请，加入了党组织，共青团政治引领力不断提升。

以分类化凝聚打造企业青春文化工程。集团公司团委策划推出一批符合青年需求、具有企业特色、弘扬时代新风的青春文化精品，讲好窑煤青春故事，宣传青工先进事迹，激发青年成长热情，展现企业青年风采。组织开展团员乒乓球拓展赛、青年歌手大赛等形式多样的青年文化活动，有针对性地举办以"解眼前难题、谋长远发展"主题青年论坛，引领团员青年为企业高质量全面发展建言献策，同时挖掘培养生产经营、科技创新、技能"大咖"、文化才艺、志愿服务等方面的青年人才，以实现广大团员青年的分类凝聚、共同提升，最终形成推动企业发展的文化合力。尝试构建多维一体的企业共青团大宣传格局，利用宣传栏、微信、QQ、抖音等媒介，广泛宣传青年模范典型事迹和共青团工作亮点，增强感染力和影响力。电气技术改造节能提质、荣获窑街煤电集团公司职工经济技术创新成果二等奖的青年模范闵圆；在生产一线打拼磨砺，独立完成大小设计上百份，参与编制矿井5年采掘接续、矿井采掘布局计划的骨干技术员党科科等先进青年事迹在千里矿区广为传颂，营造了崇尚先进、学习先进、争当先进的良好氛围。探索推进团建信息化建设，全面融入"智慧团建"信息系统，将共青团工作初步搬到网上，创新推出团青征文电子书、网上团青书屋等信息化创建载体。组织新入职大学生员工开展"融入企业做主人，建功立业助发展"系列参观交流等活动，不断满足大学生员工了解企业文化、受到关心关注、增强组织归属的渴望诉求，激发了广大团员青年创先争优的热情。近五年，有2个单位被团省委授予"甘肃省青年文明号"称号。

以项目化管理推动团员青年素质提升。学习是成长进步的阶梯，实践是提高本领的途径。集团公司团委聚焦中华人民共和国成立70周年、"五四"运动百年、建党百年、建团100周年等党和国家重大事件、重要时间节点，统一主题、优化项目，解析元素、差异设计，针对团组织负责人、团干部、团员青年分别策划不同的学习项目，通过开展团组织负责人及业务骨干"3+2"

红色教育拓展培训班、主题团课等形式，理论、实训相结合促使学思践悟，有效提升了团干部的业务能力和团队精神。通过团支部"三会一课"线下培训和"青年大学习"线上学习的"双轮驱动"，全面深化青工思想政治教育，开展"青年大学习"网上主题团课，在省属企业团组织中长期位列前三名；组织团员青年学习党的十九届六中全会精神，举办专题学习会75场次，做到了团支部全覆盖、团员青年全参与。涌现出甘肃省脱贫攻坚"青年榜样"先进个人1名。

二、推进专项行动，助力企业高质量发展

服务安全生产有力度。集团公司团委坚持推动团建服务企业中心工作。近五年，通过开展青春建功"十四五"行动，推动青年突击队、青年文明号、青年岗位能手等品牌活动与企业安全生产经营紧密有机融合，以创建"青年安全生产示范岗"为载体，促进青安岗工作科学化、制度化、规范化运行，以有力措施构筑安全生产屏障。各单位团组织积极开展"青春建功窑煤梦，青安岗员在行动""青春助推安全月"、《煤矿安全规程》知识竞赛、安全承诺书、安全演讲、安全签名等安全文化主题教育活动，进一步强化了团员青年的安全意识，促进了企业安全发展。在安全生产月集中开展"安全生产、青年当先"系列安全主题教育活动，通过形式多样的安全主题活动助力集团公司安全生产水平稳步提升。五年来，全公司青安岗员共查出安全隐患31720条，制止"三违"1068起，提合理化建议2905条。涌现出"全国青年安全生产示范岗"1个、"甘肃省青年安全生产示范岗"3个。

创新提升效益有深度。企业的发展在创新，创新的希望在青年。集团公司团委紧紧围绕企业中心工作，借助技术专家（技能人才）创新工作室等学技练艺平台，持续开展导师带徒、岗位练兵、技术比武、"五小"攻关等活动，在矿井"四化"建设、油页岩半焦高值利用等科研攻关项目中发挥青年突击队的示范引领作用。近五年，完成"五小"成果225项，其中131项已投入应用，创造价值1270余万元。开展"节能降耗、从我做起""寻找工作中的微浪费"等主题活动，成立"青年回收站"，使修旧利废、勤俭节约的风气形成新常态，修旧利废创价值41万余元。集中开展"技能成才、奋进青春"技术能手交流研讨座谈会，在矿区营造"事事处处想创新，时时刻刻在创新"的良好氛围。尊重一切有利于企业发展的创造愿望，支持一切有利于企业发展的创造活动，借助技术交流、导师带徒、"振兴杯"青工技能大赛等途径，不断加强实践锻炼，组织20余名优秀青年选手参加"振兴杯"全省青年职业技能大赛，三矿大学生职工杨皓致力研究破解矿井防治煤与CO_2突出重点技术难题，成长为矿井"一通三防"方面技术专家。五年来，集团公司有10人荣获"甘肃省青年岗位能手"称号，81名青工荣获"甘肃省技术标兵"称号，首席技能专家三矿张国财获得"甘肃省青年五四奖章"荣誉称号。

开展志愿服务有温度。集团公司团委围绕"让青年更有作为"，结合党史学习教育，搭建"我为青年办实事"订单式志愿服务平台，扩大青年志愿者队伍，深入推进"四项志愿服务"。近五年，春节前组织青年志愿者开展"迎新春·送福送春联""弘扬雷锋精神，共建和谐矿区"系列活动，"夏送清凉，冬送温暖""青情慰问保安全""奉献青春热血，彰显青年爱心"无偿献血、"环境整治在行动、绿化清扫暖人心""我为群众办实事——团青在行动"等志愿服务活动，制作"我是团员我承诺"疫情防控宣传视频，引领广大团员青年树立"以志愿为荣、以服务为责"的崭新风貌，让学习雷锋精神成为新风尚、雷锋行动形成新常态，持续扩大社会影响力，为建设"和谐窑煤"贡献青春力量。天祝煤业公司的巴其如秉承"奉献、友爱、互助、进步"的志愿者服务精神，坚守岗位的同时，穿梭于矿区的志愿服务活动点，在全力构建文明和谐矿区的环境中，发挥自己的光和热。近五年，集团公司团委涌现出甘肃省青年志愿者优秀组织奖1个、中国青年志愿者优秀个人1名、甘肃省青年志愿者优秀个人1名、甘肃省优秀抗疫青年志愿者1名。

三、立足夯实基础，注重加强自身建设

加强组织建设上台阶。集团公司团委严格落实《中国共产主义青年团

支部工作条例（试行）》，坚持重心下移，按照"一年整顿打基础、两年达标见成效、三年规范上台阶"的步骤，通过整理整顿、对标定级、规范提升三个阶段，全面规划和推进基层团组织标准化、规范化运行。按照"以团委为主导、以团支部为基础、以阵地为依托、以活动为连接"的原则，开展"强基础、激活力"专项行动，严格按照"五个好"标准开展团支部"对标定级"工作，持续推进团支部建设标准化，督导落实各级团组织按期换届，努力做到"应建必建""应换必换"。完成80个基层团支部、114名团干部信息入库，成功为新入职大学生职工线上办理团组织关系转接，实现"校企衔接"率达100%。近五年，集团公司团委涌现出全国"五四红旗团支部"1个，甘肃省"五四红旗团委（团支部）"12个，全国煤炭行业"五四红旗团委（团支部）"8个。

重视团干培养展新貌。集团公司团委健全完善共青团工作考核管理体系，通过政治推荐、评优评先、适当待遇等多种方式调动专兼职团干部积极性。积极推荐选用热爱共青团事业、组织能力强、个人素质过硬、在团员青年中有较高威信的先进青年担任基层团组织书记。通过集中培训、参观学习、拓展培训等形式，举办基层团干部培训班5期，进一步加强团干部培训教育。在微信公众号开通团干部自画像专栏，主动引导团干部亮身份、强引领，不断强化责任意识和担当意识。开展基层团青调研工作，通过谈心谈话、问卷调查等方式，了解把握青年思想需求，服务青年成长成才，李向阳、吴金、柳亚娟、何洁等一批理论实践双突出的优秀团干部脱颖而出。近五年，涌现出甘肃省"优秀共青团干部"5名、全国煤炭行业"优秀共青团干部"6名。

注重实践锻炼强引领。集团公司团委通过深化"一学一做"教育实践，加强对团员经常性教育，规范团内组织生活。坚持把团员青年团结和凝聚在中国特色社会主义伟大旗帜之下，不断完善"推优"制度，做实"推优"工作，不断增强团员的荣誉感和责任感。开展"12+"团课计划，组织团员代表每月开展一次讲授团课、解读形势政策、指导岗位实践等活动，坚持"走出去""请进来"相结合，着力强化团员的思想淬炼、能力锻炼，使其自觉成长为有活力、有筋骨、善作为的新时代党的助手和后备军，切实发挥共青团员的生力军作用。"若把每件小事都做好，那你就不是一株不起眼的小草，而是参天大树。"这是天祝煤业公司青年范宝贤对扎根基层注重实践的理解；"也许有人会质疑我们的能力和经验，但我们勇于担当，不管条件多恶劣，我们会竭尽全力做好工作。"这是海石湾煤矿团员苏丽山对自身价值的诠释。近五年，有21名团员青年被推荐为基层团干部，涌现出甘肃省"优秀共青团员"4名、全国煤炭行业"优秀共青团员"3名。

2022年7月

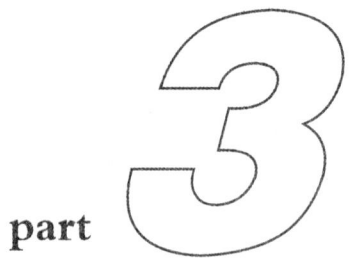

part 3

强基固本

习近平总书记指出,党的工作最坚实的力量支撑在基层,必须把抓基层抓基础作为长远之计和固本之策,丝毫不能放松。

五年多来,窑街煤电集团有限公司20个基层党委(总支、支部)把坚持党的领导作为重大政治责任,把加强党建工作作为强基固本之策,深入开展"党建'加融促'、三年'三步走'""三抓四同五融入""智慧党建+133"等党建融入生产经营创建活动,为企业高质量发展提供了坚强保证和持久动力,忠党报国的红色基因流淌在每一个基层党组织的血液之中,汲取建党百年智慧、奋进新的伟大征程成为窑街煤电千里矿区最闪亮的底色。

从严管党发挥作用　融合中心引领发展

窑街煤电集团有限公司三矿党委

三矿是窑街煤电集团公司主力生产矿之一。近年来，三矿党委坚持以习近平新时代中国特色社会主义思想为指导，全面学习贯彻党的十九大精神，坚持党的领导，加强党的建设，紧紧围绕矿井安全生产、改革创新等中心工作，创新推行"四个三"党建工作法（即：融合"三个"重点、推进"三项"争创、开展"三强"活动、实施"三民"行动），为全矿各项工作的健康有序开展提供了坚强保证。2019年，被甘肃省政府国资委党委授予先进基层党组织荣誉称号。

——融合"三个"重点把航领向。三矿党委紧紧围绕安全生产、改革创新、提质增效等中心工作，注重发挥领导、动员、组织、保障作用，坚持每月召开一次矿党委会会议，前置研究安全生产、经营管理工作，研究部署并督促落实改革创新项目99项，实施"一优三减"（优化系统提效、优化布局减面、优化组织减量、优化技术减人）"四化"（机械化、自动化、信息化、智能化）建设，推行"预算—分解、控制—核算、考核—兑现"（"预算—分解"：即精细管理、预算成本、分解指标；"控制—核算"：即自主管理、过程控制、独立核算；"考核—兑现"：即积分管理、绩效考核、兑现落实）全员层层承包管理，加强职工安全思想教育，开展"人人都是班组长"全员自主管理模式，为企业高质量发展提供了保障。2016—2017年度被评为煤炭工业特级安全高效矿井；2018年，三矿荣膺中国煤炭企业科学产能百强煤矿。

——推进"三项"争创建塑亮点。深化"党组织晋位升级、党员争星登高"先锋行动，围绕中心工作，开展党支部"三强"（强基础保落实，强支部筑堡垒，强队伍提素质）、党员"三亮三比三赛"（三亮：亮职责、亮标准、亮承诺；三比：比安全、比质量、比技能；三赛：赛任务、赛效益、赛作风）党建创品牌活动和工会创特色（模范职工小家、模范先进班组、模范星级员工）、团青创亮点（"五四"红旗团支部、青年安全生产示范岗、青年岗位能手）活动。2018年，三矿安全实现"双零"目标；原煤产量完成180万吨；利润同比增长12.4%；被评为中国煤炭工业思想政治工作先进集体、集团公司"六强"党委。全矿创建党员先锋号（党员责任区、党员先锋岗）35个，评选"六好党支部"6个，涌现优秀共产党员95人。

——开展"三强"活动从严治党。按照"强基础保落实、强支部筑堡垒、强队伍提素质"的总体要求，将从严管党治党主体责任与安全生产、经营管理目标深度融合，制定党建工作制度20余项，编印《三矿党建工作制度汇编》。对标《中国共产党支部工作条例》《甘肃省国有企业党支部建设标准化手册》，开展党支部建设标准化对标达标，全矿24个党支部达标率达100%，党支部组织力、凝聚力、战斗力有效提升。制订党员干部教育培训、年轻管理人员培养、发展党员工作、职工素质提升等规划和年度计划，加强党员、职工教育管理，深入开展理论辅导、座谈研讨、专题党课、培训教学等活动，形成心得体会和述学报告800余篇、理论研讨成果180多篇，职工队伍素质明显提升。

——实施"三民"行动关爱职工。访民情、惠民生、聚民心，创新推行"三必谈、四必访、五到家"（三必谈：即职工发生"三违"必谈；岗位发生调整变动、产生思想疑虑必谈；职工情绪不稳定和职工之间产生矛盾时必谈。四必访：即职工出勤不正常时必访；受到处罚时必访；调入调出时必访；离岗或退休时必访。五到家：即生活困难关怀到家；生病住院探视到家；天灾人祸关心到家；"三违"帮教送教到家；家庭矛盾调解到家。）职工思想政治工作法，深入组织开展企业精神传承志愿者服务等形式多样、丰富多彩的群众性文体活动，关心关爱职工，免费为职工健康体检、新修建职工停车场和洗车点、改造扩建职工文体场所，装修改造职工浴池，给职工发放新式矿服、保温水壶。2018年，矿领导走访慰问困难职工、党员、工病亡职工遗属50多户，发放困难补助、慰问金7.1万元，为困难职工捐款3.979万元，接访、入户走访20多户（次），有效增强了企业的向心力，凝聚了改革发展的正能量。

2019年7月

以"六强六融"引领海矿高质量发展

窑街煤电集团有限公司海石湾煤矿党委

近年来,海石湾煤矿党委紧扣窑街煤电集团公司"争当'一带一路'甘肃黄金段清洁能源提供者"的战略定位,聚焦原煤开采主责主业,围绕做好"党建加、党建融、党建促"三篇文章,大力开展以"'六强六融'引领企业高质量发展"为主题的党建融入生产经营典型创建活动,以高质量党建引领现代化矿井高质量发展。

——建政治引领力强党组织,实现党建与企业目标相融。

海石湾煤矿党委坚持把学习贯彻习近平新时代中国特色社会主义思想作为首要政治任务,严格落实"第一议题"制度,聚焦党委"把方向、管大局、促落实"领导作用,确立了以全国同行业一流党建带动建成全国一流矿井的目标愿景,努力把党建融入矿井发展全过程,推动党建工作与生产经营共创共建。2021年,生产原煤180万吨,实现利润12.3亿元,主要经济指标在全国矿井单位处于先进水平。两个党支部先后被评为"省级先进党支部""甘肃省政府国资委先进基层党组织";两名党员分别荣获甘肃省政府国资委"优秀党务工作者"和"优秀共产党员"荣誉称号。

——建凝聚保障力强党组织,实现党建与安全生产相融。

面对矿井灾害程度中国少有、世界罕见的严峻考验,全矿各级党组织认真践行"两个至上",以"想不到是失职,做不到要问责"的强烈责任意识,建立"党建保安"等六大责任体系,通过党组织带行政组织、党员带职工等形式,持续推进"人人都是班组长,人人都是安检员"活动,广泛发动职工群众管安全,安全生产标准化管理体系2020年达到国家一级标准,实现安全生产1000多天。综采二队党支部通过开展"三抓三强"(抓支部、强堡垒;抓党员、强基础;抓队伍、强组织)党建工作融入安全生产活动,以标准化支部建设，有效激发了党支部工作活力和团队安全生产动力，该支部所在区队已实现安全生产十年。

——建改革创新力强党组织，实现党建与高质高效相融。

海石湾煤矿党委紧跟智能化的时代潮流，以国企改革三年行动和安全整治三年专项行动为契机，投资1.2亿元，建成了全公司首个综采智能化工作面，实现了远程智能化作业，回采工效由原来的125吨/工提高到129.23吨/工，最高日产达8200吨。较普通综放工作面生产工序减少1小时，开机率提高20%；人员由原来的每班16人减少到每班8—10人。已建成矿井自动化综合管控平台、多参量预警云平台两个平台和主通风机自动化控制等23个子系统，共减少岗位人员75人。安全监测、精准定位、视频监控等系统做到了实时监测和综合预警。主通风机等固定机房全部实现无人值守，主运煤系统、矿井供电系统实现减人巡检作业。

——建生态主导力强党组织，实现党建与绿色发展相融。

海石湾煤矿党委深入贯彻新发展理念，坚定不移引领全矿走绿色发展之路，着力推进绿色、环保、智能的高质量发展。坚持绿色开采，采用大工作面，推广沿空留巷技术和"大采高、大采长"回采工艺，回采率达到97.03%。主动建议并推动实施对矿井污水处理系统、高能耗供电设备、锅炉及其配套除尘设施进行技术改造，开采的保护层全部送到油页岩公司提炼页岩油，杜绝了能源浪费，减少了污染排放，改善了环境质量；动员职工利用业余时间绿化矿区环境，矿区绿化总面积达7.1万㎡，矸石场覆土绿化面积达到90%以上，先后投资改造职工公寓楼、浴池、区队办公楼、洗衣房等10余项职工民生工程，2021年职工人均收入突破8万元，较2020年提高11%，企业初步达到了资源效益、经济效益和生态效益、社会效益的有机结合，矿井被列为第三批国家级"绿色矿山试点企业"。

——建团结协作力强党组织，实现党建与品牌建设相融。

海石湾煤矿党委坚持以党建品牌引领煤炭品牌、瓦斯治理品牌、安全文化品牌建设。矿党委坚持"把党的一切工作延伸到支部"的工作思路，推行"一支部一品牌一特色"建设，依靠党建品牌的力量，将支部与党员、职工紧紧团结在一起，把党的政治优势转化为矿井发展优势，为企业高质量发展注入不竭的"红色动力"。通过实施"地面钻井压裂抽采+井下长距离定向钻孔+大孔径穿层、顺层钻孔抽采"技术，提高瓦斯抽采质效，通过井上下立体抽采方式，形成了"规划区、准备区、生产区"三区联动瓦斯治理"窑街模式"；开展的以班组全员自主化管理、"21+1"培训、团队建设等为主线的"13589"安全文化品牌助力企业安全生产。

——建推动发展力强党组织，实现党建与管理创优相融。

海石湾煤矿党委深入开展"四抓两整治"活动，先后制定了《海石湾煤矿党支部标准化建设日常考核办法》等5类36项党建工作制度、党内48项基本组织活动的时间节点及党支部流程化管控；深入开展"重温奋斗史、共筑海矿梦"等主题党日活动20余次；组织党支部书记党课竞赛5次；坚持每月开展一次政工人员"大学习大练兵大比武"、党支部标准化建设月度评比；开展以带思想、带作风、带技能、带安全、带业绩，促干群关系融洽、促职工素质提升、促安全生产稳固的党员"五带三促"导师带徒活动，签订帮带协议书200余份，促进了党建工作"四同步""四对接"，推动了党建质量全面提升。坚持党管班子、党管干部、党管人才。近三年，累计公开选聘管理人员45名、重点岗位人员17名，先后向集团公司推荐副处级干部4名，其中1名干部走上集团公司兄弟矿主要负责人岗位。2018年以来，40名大学生落户海石湾煤矿，268名在岗职工参加大学本科和专科学历教育，矿负责人荣获"甘肃省陇原青年英才"，1名同志荣获"甘肃省劳动模范"，1名同志荣获2020年度"陕煤杯"全国煤炭行业职业技能竞赛（国家级二类竞赛）电工三等奖，全矿有16名同志获甘肃省技术标兵荣誉称号。

2022年3月

坚持"三抓四同五融入"
汇聚高质量发展动力

窑街煤电集团有限公司金河煤矿党委

为深入贯彻落实习近平总书记关于国资国企改革发展和党的建设重要论述，坚定不移加强党对国有企业的全面领导，按照国企改革三年行动重点任务安排，窑街煤电集团公司金河煤矿党委紧紧围绕全国国企党建30项重点任务和安全生产经营工作，注重发挥党委把方向、管大局、促落实的领导作用，主动适应煤矿信息化、智能化、绿色化发展新趋势，着力推行"党建+"融合模式，深入开展"三抓四同五融入"党建品牌创建活动，持续推动党建工作与安全生产经营工作目标衔接、过程融合、落实同步，为企业高质量发展提供了坚强保证和持久动力。2021年，全矿杜绝了轻伤及以上人身事故，原煤产量、营业收入、利润总额同比分别增长1.22%、65.1%、241.91%，主要经济指标创历史最好水平，企业保持了平稳向好的发展态势。

——突出"三抓"，强化引领把方向。矿党委紧扣全矿中心工作，以政治上统领、思想上引导、行动上融入为目标，一抓理论武装筑根基。坚持用党的百年历史和习近平总书记系列重要讲话及指示批示精神武装党员干部、教育职工群众、指导工作实践，全年组织党委理论中心组学习12次、开展党支部主题党课54次、举办党史学习读书班23期次，党员干部下基层上讲台作辅导11场次，全矿党员通过"学习强国""甘肃党建"信息平台学习参与率达93%、党史学习教育网上答题竞赛参与率达100%，使广大党员和干部职工在经受党的创新理论滋养与洗礼中，补足了推进安全生产的精神之钙，夯实了追求高质量发展的信念之基。二抓思想宣传聚合力。坚持网上网下"双轮驱动"，常态化开展安全生产、疫情防控、形势教育、政策解读、典型引领

"五大主题宣传"，全方位构建以"一念五观"（安全生产理念、安全认识观、安全价值观、安全创新观、安全诚信观、安全亲情观）为引领的"大安全、大宣教"格局，分时段举办"五一"职工运动会、"落实安全责任、推动安全发展"安全生产咨询日、"唱响时代旋律、献礼建党百年"职工歌咏朗诵比赛等群众性文体活动，在潜移默化中不断增强党组织的政治领导力、思想引领力、群众组织力、动员号召力。2021年，面对安全压力大、生产任务紧的状况，全矿上下凝心聚力促落实，超进度完成六、七采区3个采面的回撤安装、六采区生产接续系统智能化改造和洗煤厂联合试运转等重点任务，为确保矿井安全生产营造了团结奋斗的浓厚氛围。三抓纪律作风务实效。矿党委坚持把全面从严治党要求贯穿于安全生产经营全过程，牢固树立"想不到是失职、做不到要问责"的纪律要求和"主动担责、干就干好"的作风导向，切实把岗位绩效作为各级党员和管理人员民主评议、履职考核、职务晋升、薪酬分配、评先评优的"硬指标"，着力推行基层"小微"权力和党支部廉洁风险清单式监督，先后对2名涉及信访问题的党员干部诫勉谈话、对21名落实重点工作不力的管理人员进行通报问责、对3个管理上存在问题的部门函发纪检建议书等，在全矿形成了党建工作融入中心任务目标同向、责任同担、行动同步、落实同力的创先争优"共同体"。

——坚持"四同"，齐抓共建管大局。矿党委坚持把党建工作放在与安全生产经营工作同等重要的位置。一是同安排部署。紧扣集团公司年初下达的安全生产经营指标和党建重点工作，在矿"三会"上与17个部室、11个区队签订契约化经营和党建工作目标"两个责任书"，并与安全生产经营日常工作统筹安排、全面部署，讲安全生产必讲党建工作、讲党建工作必讲安全生产，做到了"两同时、两到位、两必讲"。二是同推进落实。始终将安全生产经营工作的难点和职工群众关注的热点作为党建工作的重点，深入开展"三个六"创先争优先锋引领行动，积极推行以"包部室、包区队、包班组，保安全、保增长、保稳定"为主要内容的党委班子成员和部室、区队管理人员包保责任制,建立党员干部联系基层区队、生产班组、困难职工"一对三"包保联系点18个,有力保证了党建工作与安全生产经营工作同步推进落实。三是同督促检查。主动把党支部建设标准化与安全生产标准化工作紧密结合起来,从规范党支部"四本一册一台账"抓起,在日常督查、选点抽查、交流自查的基础上,党群政工部门定期参加安全生产标准化自评验收同步对各党支部建设标准化工作进行督促检查,取得了相融相促的明显成效,2021年6月顺利通过了甘肃省应急管理厅安全生产标准化一级矿井初审验收,掘进五队等3个党支部被集团公司评为"六好"党支部。四是同考评问效。坚持党建工作与安全生产经营工作同步考核,按照"谁主管、谁负责、谁考核"的原则,严格执行月度党支部建设标准化工作和各单位契约化经营绩效、各级管理人员履职尽责一体化考核办法,先后对验收达标的4项精品工程进行奖励兑现,对党建日常工作滞后的3个党支部予以通报批评并责成限期整改,对管理人员严格按月度层级考核评分扣减效益浮动工资92人次,推动形成了以考促改、以改促效、稳健发展的良好格局。2021年,金河煤矿被集团公司授予"六强"党委、"双文明"先进单位等荣誉称号。

——着眼"五融入",同向发力促落实。始终本着抓党建从安全生产经营工作入手、抓安全生产经营工作从党建工作出发的导向,积极推行"党建+"融合模式,着力提升党建工作与安全生产经营工作相融共促、同频共振的倍增效应。一是在党建工作融入安全生产上创先争优。坚持把开展党支部安全主题党日活动、"党员岗位无隐患、党员个人无违章、党员身边无事故"活动作为"党建+安全"模式的重要载体,深入开展"党员示范岗、党员责任区"创安先锋、"查隐患、反三违、保安全"群安监督、"三违帮教、亲情感化"促安协管等主题实践活动,全面推行安全生产标准"八抓十二化"工作法,切实把党组织的功能融入到安全体系、定位对标到安全管理、作用发挥到安全生产之中。如综采一队党支部针对17206工作面地质构造复杂、防冲压力大等困难,积极动员党员职工扎实开展"抓质量、保安全、促增产"创先争优攻坚会战活动，取得了单班稳产"创新高"、全队职工"零轻伤"的最好成绩。2021年，全矿"三违"发生率同比下降44%，实现了安全提质、生产增效"双丰收"。二是在党建工作融入经营管理上提质增效。紧紧围绕全年生产经营目标，发挥党建引领保障作用，大力倡导"质量为本、效益为先"的经营理念，从加强预算管理、优化采掘设计、降低材料消耗、减少设备大修、压缩费用支出、严格绩效考核等环节入手，深入开展比作风创佳绩、比质量创精品、比贡献创效益"三比三创"竞赛活动，不断提高了管理效能和经营质效。如机电一队党支部利用废旧锚杆、刮板、工字钢等物料，通过自制加工道钉、玛簧、支架等备用件"变废为宝"，发挥了节支降耗"排头兵"的先锋模范作用。2021年，全矿原煤成本比计划降低4.10%、利润比计划增长162.55%。三是在党建工作融入技术创新上增能驱动。坚持把党建优势转化为推动矿井"一优三减""四化"建设的创新动能，依托党员先锋岗、创新工作室和专业技术攻关小组，大力开展技术难题攻关、职工技术创新、"五小成果"征集活动，注重发挥党员骨干、劳模先进和技能人才的技术特长，先后完成综采面尘源跟踪、冲击地压煤巷吸能支架、小材上气动防跑车装置和智能防人员误入等新技术的推广应用，以及采掘工作面运输设备、1460水泵房等集控化智能化改造任务，复杂地质条件下工作面等宽设计等10项技术创新成果受到集团公司表彰奖励。2021年5月，针对电网瞬时失电造成主扇高开失压跳闸停机的问题，机电运输部3名党员技术骨干加班加点研究攻关、想方设法解决难题，通过加装失压延时模块并修改启动程序编码，实现主扇瞬时失电停机实时自动重启，有效保证了通风系统的连续性，提升了矿井安全风险治理科技化水平。四是在党建工作融入素质提升上育人建队。以打造高素质专业化职工队伍为目标，加大党员干部日常教育管理力度，严格落实发展党员"双培养"工作计划，持续推行"21+1"职工培训和"人人都是班组长"全员自主管理模式，先后选派179名党务、生产经营骨干参加集团公司党校和兰州资源环境职业技术大学脱产培训，安排9名新引进大学生到生产一线实践锻炼，108名职工参加在职教育提升学历，举办涉及22个工种的岗位技能大赛，把7名生产经营骨干培养成为了党员、把9名工作突出的党员培养成为了生产经营骨干，42名职工被评为集团公司和甘肃省技术标兵，在全矿形成了各类人才竞相辈出的良好局面。五是在党建工作融入内部改革上激发活力。按照集团公司改革三年行动的部署要求，矿党委始终坚持对改革工作的全面领导，及时按下深化改革的快进键，认真对照2021年6个方面48项重点改革任务，持续深化干部人事、劳动用工、薪酬分配三项制度改革，全年召开党委会议32次，专题研究改革工作2次，公开选聘和调整交流管理人员5批33人次，修订完善《契约化经营业绩（工作目标）考核管理办法》《职工薪酬管理办法》《劳动定额管理办法》等制度10项，全面推行全员岗位合同管理覆盖面达100%，为职工群众兴办实事好事21件，有效激发了以市场化改革推动企业高质量发展的蓬勃活力。

坚持党的领导、加强党的建设是国有企业的"根"和"魂"。"根"深则叶茂、"魂"聚则力强。金河煤矿党委将始终不渝加强党对企业的全面领导，深入贯彻国资国企改革和安全生产管理"两个三年行动"，紧紧围绕集团公司"十四五"发展规划和"千百十"愿景目标，自觉扛起把方向、管大局、促落实的首要职责，持续推行"党建+"融合模式，不断汇聚高质量发展动力，努力打造煤炭行业"绿色安全、智能高效、幸福和谐"的现代化标杆矿井。

2022年4月

在党建融入生产经营中为发展聚力赋能

甘肃窑街固废物利用热电有限公司党委

甘肃窑街固废物利用热电有限公司是窑街煤电集团有限公司全资子公司，主要从事火力发电、矿区供热等工作。多年来，热电公司党委始终把坚持党的领导、加强党的建设作为"根"和"魂"，将党建工作深度融入到生产经营中，深入开展"党建领航、创先争优"党建品牌创建活动，把党的领导融入公司管理各环节、生产经营全过程，为推动企业高质量发展提供了坚强保证。2021年，全面完成各项目标任务；2022年1至5月，发电量同比增长3249.36万千瓦时，利润同比增加1630.45万元，安全上杜绝了轻伤及以上人身事故，保持了稳健向好发展态势。

——强基铸魂，发挥党建引领力。热电公司党委始终坚持党的全面领导，紧扣中心工作，通过政治上统领、思想上引导、行动上融入，强化了目标导向。一是突出理论学习，强化党性修养。始终把学习贯彻习近平新时代中国特色社会主义思想作为首要政治任务，认真落实"第一议题"制度，把学习贯彻习近平总书记重要讲话和指示批示精神，作为党委理论中心组学习、党支部"三会一课"的重要内容，做到第一时间学习领会、贯彻落实。同时，加强指导督促，每月编发学习指引，搭建"党员干部上讲台"学习平台，形成了领导带头学、个人主动学、集体研讨学、交流互促学、结合实践学的多维度、常态化学习制度，引导党员干部常学常新、对标对表，不断增强拥护"两个确立"、做到"两个维护"的思想自觉和行动自觉。二是讲好红色故事，凝聚奋进力量。注重用好"热电之窗""热电印象"微信、抖音平台开展正面宣传，全方位、立体式展现该公司发展历程及"热电人、热电事"，积极开展党史学习教育"五个一"活动（讲好一堂党课，唱好一首红歌，举办一次知识竞赛，开展一次红色主题征文，进行一次演讲比赛），为党员干部"补钙""加油"。组织优秀党员、入党积极分子、各类先进40余人赴会宁革命圣地开展党史现场学习教育，缅怀革命先烈，传承红色基因；组织100余名党员干部职工观看《八佰》《长津湖》等红色影片；开展"以音乐回望党史、用歌声铭记初心"歌咏比赛，举办"道德讲堂"；每年定期开展劳动模范、安全标兵等先进典型宣讲活动。通过不断创新学习教育方式，丰富学习教育内容，将学党史的巨大热情传导到每个基层单位、每个工作岗位，党史学习教育的成果在工作实践中、在基层岗位上进一步凝聚提升和深化巩固。三是强化目标导向，抓好责任落实。紧扣安全生产经营目标任务，每年召开专题党建工作会，研究党建工作深度融入安全生产、环保改造、深化改革等重点工作的思路、抓手和措施。积极开展党员责任区、党员先锋岗、党员身边无"三违"等创先争优活动，形成了"党旗红、企业兴"的良好局面；结合"学党史、查隐患、促整改、保安全"主题党日活动，深入生产和整改现场常态化开展警示教育、风险辨识、应急演练、安全隐患大排查活动，坚持重点区域重点查、薄弱环节班班查，确保安全隐患治理班结班清，做到安全生产万无一失。组织职工观看习近平总书记关于安全生产重要论述《生命重于泰山》专题片，设立"党员责任区""党员先锋岗"，开展事故警示教育、应急预案演练。2021年以来，杜绝了各类安全事故发生。

——创先争优，强化工作执行力。热电公司党委聚焦企业管理体系和管理能力现代化建设，注重在理顺、规范、完善上下功夫，推动建立健全决策有力、运行顺畅、奖惩合规的管理体制。一是规范管理体系。注重发挥党委把方向、管大局、促落实的"航向标"作用，修改完善公司章程，落实"双向进入、交叉任职"领导体制，完善了党委会议事规则、重大决策事项清单、董事会授权管理办法等制度，形成了以党委会、董事会、监事会、职代会及经理层各司其职、各负其责、有效制衡、协调运转的公司治理体系。二是优化考核机制。坚持定期召开党委会、党建例会，统筹谋划热电公司党建工作，按月制定党建工作重点任务清单，开展党建工作考核，以"党性责任心反思"活动唤醒党员干部身份意识和服务意识，引导党员干部践行知责有为、知己补短、知恩图报、知止慎行、知行合一的"五知"理念，争做一心向党、一心为民、一心进取、一心奉公、一心干事"五心"好干部。开展"2022年我们怎么干"大讨论，促进各级人员针对岗位学"五知"、践"五心"，谈发展、争优秀。注重把岗位绩效作为各级党员和管理人员民主评议、履职尽责、职务晋升、薪酬分配、评先评优的"硬指标"。制定《管理人员能上能下实施办法》等管理制度，对6名工作推行不力、履职尽责不到位的管理人员进行通报问责，通过刚性考核，充分激发活力，提高效率，形成了协同全力狠抓工作落实、以扎实作风保障安全生产的局面。三是形成攻坚合力。按照"四个同步"要求，及时调整完善基层党组织设置，确保企业发展到哪里、党的建设就跟进到哪里、党支部的战斗堡垒作用就体现在哪里，为企业发展提供坚强组织保证。按照"围绕发展抓党建、抓好党建促发展"的工作思路，紧密结合生产经营开展党建活动。面对2021年新冠肺炎疫情影响，窑街、海石湾配套供热管网改造工程工期严重滞后的问题，班子成员带领广大党员干部"5+2""白加黑"工作，连续30余个日夜蹲守在施工现场，实现多点面同步施工，用实际行动践行初心使命，展现出党组织、共产党员关键时刻"豁得出、顶得上、靠得住、战得胜"的先锋风貌。技改项目完成后，机组煤耗达到国内同类型机组先进值，提高消纳煤矸石、煤泥等矿井开采固体废弃物的能力，实现了清洁生产和资源综合高效利用。

——戮力前行，汇聚职工向心力。热电公司党委坚持抓安全生产经营工作从抓党建工作入手，抓党建工作从抓安全生产经营工作出发，深入开展"党建+"活动，做到党建与生产经营深度融合，切实发挥党组织和党员在安全生产经营工作中的战斗堡垒作用和先锋模范作用。一是让"党建+"成为保障安全生产的常态。以融入技改项目建设、安全生产、春检等重点工程为依托，开展党员积分制、党员"一带二"（一名党员带两名职工群众）、"党员三零"（个人零违章、现场零隐患、身边零事故）等主题实践活动，在安全生产、工作质量、隐患排查等方面，有针对性地给每名党员定任务、压担子，让党员盯着目标、带着任务去工作。深入开展党建融入安全生产"一支部一品牌一特色"活动,机炉车间党支部依托"创岗建区",以"三融三提升"(党建融入思想引领,着力提升作用发挥;党建融入运行管理,着力提升安全效益;党建融入群团工作,着力提升服务质量)为主题,以"三个点"(把安全生产作为党支部参与中心工作的切入点;把安全生产办公会议作为党支部堡垒作用发挥的着力点;把"党员安全人"作为发挥先锋模范作用的落脚点)为支撑,牢牢掌控安全生产主动权,激发职工群众立足岗位创新创效的干劲和热情;电气车间党支部以春检活动为契机,开展"春检一线党旗飘"主题活动,通过"党建+安全"工作模式,将党建与春检工作有机融合,不断强化全员安全意识,落实全员安全责任。2021年以来,实现职工群众"零三违"的目标。二是让"党建+"成为强化经营管理的常态。坚持以高质量党建引领保障企业高质量发展,紧紧围绕生产经营目标,大力倡导"采购服务于生产,生产服务于营销"的经营理念,从加强预算管理、优化燃煤配方、降低材料消耗、减少设备大修、压缩费用支出、严格绩效考核等环节入手,深入开展"比作风创佳绩、比贡献创效益"竞赛活动,不断提高管理效能和经营质效。对发电过程中产生的固废炉渣、粉煤灰、脱硫石膏,在优先满足内部单位需求的同时,进一步拓宽销售思路,在充分调研市场行情、及时掌握市场环境的基础上,根据季节性需求特点,按照冬春、夏秋季销售淡季和旺季确定不同的价格进行销售,实现效益最大化。2021年4—9月,炉渣销售35元/吨,创造历史最高单价水平;2022年一季度,累计掺烧煤矸石、末页岩、油页岩、半焦等低热值燃料14.67万吨,全年可节省成本约150.8万元。三是让"党建+"成为服务职工群众的常态。积极组织开展"我为群众办实事"活动,突出守初心、聚人心、暖民心"三心"相融,为职工排忧解难。从关爱职工身体健康入手,邀请专家开展健康知识讲座、现场应急救护演练培训,普及健康和急救知识,让职工在安全健康的环境中愉快工作;对食堂进行改造升级,为职工发放用餐补助,让职工切实感受到"如家"的温暖;针对"停车难"的问题,对厂内停车位重新划定,将厂区内一块空地改造成停车场,增加70多个停车位,缓解了停车难题,为职工群众出行营造了安全、畅通、有序的环境；修建入厂人车分离通道，实现人员和车辆分开出入，确保人车各行其道、安全通行。通过"党建+""三心"服务，职工幸福感、获得感持续提高，归属感、凝聚力持续强化。

今后，热电公司党委将积极探索党建工作融入生产经营的新模式新载体，引领各级党组织和全体党员在安全生产经营生动实践中创先争优，踔厉奋发新征程，笃行不怠向未来，以高质量党建引领保障企业高质量发展。

2022年5月

党建引领创新发展　提升企业核心竞争力

窑街煤电集团甘肃金凯机械制造有限责任公司党委

金凯机械制造公司是窑街煤电集团有限公司的全资子公司，主要从事锚网支护产品生产、设备制造、综采配件加工、工矿零配件制作、矿用设备大修等业务。近年来，金凯公司党委认真领悟践行习近平总书记关于创新发展的指示精神，以党建为引领，以改革创新、管理创新、技术创新、育人创新为目标，着力推动党建工作与中心工作深度融合，将一个建企64年的老国有企业发展成为年产值达1亿元、拥有145个矿用产品煤安标志的加工制造资质、具有较强核心竞争力的综合性矿用产品加工制造企业。

——**党建引领改革创新，激发企业内生动力**。金凯公司党委始终坚持党对全面深化改革工作的领导，聚焦国企改革三年行动重点任务，围绕发挥把方向、管大局、促落实领导作用，建立健全机制制度，激发企业发展活力。一是完善现代企业制度。制定了党委会、经理层议事规则和"三重一大"重大决策清单，着力规范各治理主体行权履职，形成了权责法定、权责透明、协调运转的公司治理机制。坚持落实党委会前置研究重大经营管理事项，推行经理层成员任期制和契约化管理，引导干部职工从传统的"身份管理"向市场化"岗位管理"转变，推动形成了管理人员能上能下、收入能增能减的机制。二是深化人事制度改革。坚持把人事制度改革作为深化改革的重要任务，定编定岗定员，采取一人一策措施优化人力资源配置，做到人岗高效匹配。同时，完善干部选拔任用管理制度，建立干部能上能下、动态管理的选人用人机制，着力打造一支政治过硬、德才兼备、本领高强、结构合理的高素质专业化干部人才队伍。2015年以来，公开选聘各级管理人员12批39人次。三是推进薪酬分配制度改革。按照"效益升薪酬升、效益降薪酬降"的原则，建立健全分类考核、严格奖罚的激励约束机制，广泛调动分厂（车间）、班组和全体职工的积极性、主动性。

——党建引领管理创新，提升企业经营质效。金凯公司党委坚持把党建引领作为提升企业核心竞争力的有力手段，开展对标世界一流管理提升行动，提升管理水平和经营质效。一是加强制度体系建设。通过对标郑州煤矿机械集团，补短板、强弱项，以提升管理水平为目标，先后修订完善了环保、质量、经营、技术、安全、销售等12类460项管理制度。2020年，在ISO9001质量体系认证基础上导入卓越绩效管理，获得中煤协联合认证（北京）中心质量管理、环境管理、职业健康管理"三体系"认证，促进了公司日常管理的制度化和规范化。二是推行全员承包经营制。坚持每年与各部室、各分厂（车间）签订经营业绩承包责任书、各分厂（车间）与班组及职工个人签订经营业绩承包责任书，层层分解下达任务，确保了各项经营指标的顺利完成。2021年，生产总值完成计划的126.1%，利润完成计划的161.02%。三是强化全员自主管理。扎实推进"人人都是班组长"全员自主管理模式，通过规范班前会，使每位职工由被动执行逐步变为主动参与，实现了由被动管理向主动管理、自主管理和互助管理的转变。自金凯公司整合重组以来，未发生各类安全事故。

——党建引领技术创新，增强企业发展后劲。金凯公司党委坚持把党组织的政治优势转化为技术创新的强大动力，加大设备改造升级、新产品的开发应用和工艺改造力度，持续在技术创新上不断实现新突破。一是强化设备改造升级。铆焊锻造厂党支部挖掘党员干部潜力，对LGK-100等离子切割机进行改造，将手工割枪头连接至半自动切割机进行切割，提高了切割速度，改善切割面光洁度，减少辅助工作时间，减轻劳动强度，提高了工作效率；机关党支部和铆焊锻造厂党支部联合升级改造老旧设备——500吨四柱压力机，实现了冲压、升降的自动化，提高了设备性能和生产效率；机关党支部技术改造W钢带机，实现了1.2m、1.9m等不同尺寸、不同孔位W钢带的加工制造。二是推进新产品研发应用。矿用材料厂党支部集思广益，自制研发设计自动卷袋机设备，提高了劳动效率；机械加工厂党支部设计制造ITU型闭式矿车轮对压装机，进一步消除了装配时的不安全因素；铆焊锻造厂党支部研发铁托板自动冲压改造项目，解决了厚托板的压型与中心孔加工分步操作问题，实现压型、冲孔一次性作业，减少加工程序，提高了工效。三是加强工艺技术改进。机械加工厂党支部干部职工积极改进皮带机轴座加工工艺，提高了产品加工速度，加工面的平行度、垂直度、表面粗糙度得到了有效保证，保证了产品质量；铆焊锻造厂党支部对矿车碰头铸造工艺进行改进，消除了毛坯局部增碳现象，解决了碰头关键部位因含碳量高而造成刚性下降的问题，提高了产品质量；多切点分段切割防变形切割工艺的推广运用，降低了零件切割变形几率，减少了机械校正和机床加工等环节。2017年以来，共完成技术创新成果56项，其中高锰耐磨钢铸造技术研究获得集团公司科技成果三等奖，大型中部槽整体铸造技术研究与应用获得集团公司科技创新成果优秀奖，金凯公司发展后劲进一步增强。

——**党建引领育人创新，汇聚企业发展英才**。近年来，金凯公司党委坚持党管人才原则，不断创新人才培养、竞争和激励机制，为各类员工成长成才创造条件。一是构建人才竞争机制。全面推行"1+X"证书制度，鼓励各级管理人员和专业技术、技能人员参加各类继续教育培训，提升学历，取得资质证书，在岗位选择和公开竞聘中优先考虑高学历和有证人员。2018年以来，共提升学历29人次（其中研究生学历1人，专升本8人，在读专升本20人），现有各类专业技术人员34人。申报集团享受关键资质证书人员24人，形成了"人才成长凭本事、岗位成才靠学习"的干事创业氛围。二是搭建人才成长平台。创建技术创新工作室，开展"双师带徒"（两个师傅带一个徒弟,一个教理论知识、一个教操作技能）活动，充分发挥金凯公司技术专家、技能专家的"传、帮、带"作用，提高职工素质；开展形式多样的岗位练兵、技术比武活动，以赛促学，调动职工学技术、提技能的积极性，涌现出集团公司"最美科技人"1人、技术专家4人、技能专家2人、窑煤工匠1人。

三是完善人才激励机制。制定《金凯公司"首席技工"评聘管理办法》，落实"首席技工"210元/月岗位津贴，修订完善《金凯公司薪酬分配管理制度》，以岗位贡献分配薪酬，让各类技术、技能人才"名利双收"。

党建工作做实了就是生产力，做强了就是竞争力，做细了就是凝聚力。金凯公司党委将始终坚持以习近平新时代中国特色社会主义思想为指导，不断提升党建工作质量，进一步发挥党委把方向、管大局、促落实的领导核心作用，做实做强做细党建工作，以高质量党建工作引领企业高质量发展。

2022年6月

构建"五养"体系
激发基层党组织内生动力

甘肃金能科源工贸有限责任公司党委

近五年,甘肃金能科源工贸有限责任公司党委立足基层党建工作实际,结合产业发展特色,深入推进党建融入生产经营活动,全面实施"智慧党建+133"党建品牌建塑工程(智慧党建,创建智能化新型党建活动室;"一体"即紧盯集团公司战略发展目标,将"工矿产品制造、商贸餐饮服务、农业及土地资源开发、财务金融、工程建筑"五个板块一体发展;"三创"即领导班子创思路、职能部室创管理、经营实体创模式;"三打造"即打造样板基层党组织、打造先进党组织带头人、打造优秀党员队伍)。以构建"五养"党建工作体系为主线,按"五年五期五步走"党建工作发展思路,分步骤、抓重点、夯基础,全领域激发基层党组织内生动力,将党建工作优势转化为企业生产经营和产业发展优势,为企业发展和职工成长提供精细精准服务,为企业高质量发展赋能提速。

——**在培育期打造"优养"模式。**金能科源公司党委严格对照习近平总书记对国有企业领导人员提出的"对党忠诚、勇于创新、治企有方、兴企有为、清正廉洁"标准,把基层党支部书记岗位作为培养选拔管理人才的重要台阶,结合企业发展实际和工作需要,积极选优配强基层党支部"带头人"。2021年以来,通过换届选举,为商贸公司等四个党支部择优配备素质过硬、作风扎实、具有党务工作经验的支部书记,其中机关党支部将2名"90后"优秀党员配备在支部副书记、组织委员岗位。金能科源公司党委坚持把党务工作岗位作为培养企业复合型人才的重要平台,持续推进"党务工作面向现代化、党务干部知识结构现代化"工程,并积极推动党务工作人员与其他经营管理人员双向交流，加快培养熟悉生产经营、善于做党建和职工群众工作的复合型人才。坚持把实践锻炼摆在突出位置，将及早发现的"好苗子"，有计划地安排到经营销售管理一线、市场营销前沿、艰苦偏远单位、急难险重岗位锤炼磨砺、增长本领、提升素质、增长才干。2019年以来，金能科源公司将引进的28名大学生先后安排在党务、财务、经营、销售、新能源等重要岗位实习见习并轮岗锻炼，目前已在业务主管级岗位选拔培养"90后"年轻干部6名。

——**在突破期构造"精养"模式**。金能科源公司党委扎实推进落实国企三年改革攻坚行动，以改革发展为核心，对标国内一流企业，对改革任务认真研究分解，强化部署落实，通过3年时间将确定的6个方面54项改革目标任务全部完成，为企业高质量发展理顺了体制机制、奠定了坚实基础。通过科技、管理、体制、机制"四创新"深入推动党的建设与企业改革发展"四同步、四对接、四融入"，不断探索改进党建工作的路径和方法，有效实现了党的建设和生产经营深度融合、互促共进，将党建引领作用转化为推动改革发展的优势。通过在金能科源公司、瑞霖公司实行经理层契约化管理，形成了灵活高效的市场化经营管理机制，有效解决了工作中"上热、中温、下冷"等突出问题，促进经营上台阶、管理见实效。公司已连续5年超额完成集团公司下达的各项经营指标任务，尤其是2020年，商贸公司、瑞霖公司、农林公司等单位均扭转了经营被动局面，企业进入历史上发展最快最好时期。

——**在发展期构建"共养"模式**。金能科源公司党委聚焦集团公司"五个转变"发展思路，坚持以党建为统领，带头落实"三创"工作思路，围绕企业党建、安全环保、生产经营、改革创新和提质增效等重点工作中的难点痛点和发展困局，创新发展思路、管理方式、经营模式，为企业高速发展期提供智慧和力量，研究确定了"工矿产品制造、商贸餐饮服务、农业及土地资源开发、财务金融、工程建筑"五个板块一体发展战略，认真落实"党委班子扛主责、党员干部担任务、党群部门抓落实、基层支部见实效"的工作机制,让"规定动作"出彩、"自选动作"出新,将基层党建工作力量转化为推动企业高质量发展的优势,实现了科技创新力、资源利用力、盈利创收力、市场竞争力的全面提升,有效构建了高质量发展新格局。通过五个板块齐头并进、协同发展,拓宽了产业链条,深化了产业布局,持续盈利带动红利不断释放,职工人均收入同比增长9%,办结"我为群众办实事"项目9项,积极推进3项,职工获得感、幸福感、安全感不断提升。

——**在提升期构筑"康养"模式**。金能科源公司党委始终坚持以集团公司"三个六"创先争优活动为载体,以"四抓两整治"、党支部建设标准化工作为抓手,不断深化党建"三打造"夯基固本工程,重点在抓好抓实基层党建工作质量、强化党支部带头人素质能力、提升党员政治素质和业务能力上下功夫,坚持"以党建促发展,以发展强党建"工作思路,全面开展"一支部一品牌"党建质量提升行动,组织广大党员围绕提升安全生产水平、产品服务质量和领导管理能力,开展干部研讨交流、党员承诺践诺活动,大力弘扬企业精神、劳模精神、工匠精神,教育引导党员在建设现代能源企业的新征途中争做政治过硬、坚守初心的表率,当好创收创效、攻坚克难的先锋。金能科源公司党委连续3年荣获窑煤集团公司"六强党委"称号,建设拥有较强示范性和引领性的标准化党支部7个、"六好"党支部2个,培育对党忠诚、勇于创新、成绩卓著、群众公认的优秀党员14名、优秀党务工作者2名、优秀宣传思想工作者1名,其中1名党员荣获省政府国资委党委优秀党务工作者称号,发挥了良好的示范引领作用。

——**在巩固期培育"滋养"模式**。金能科源公司党委坚持发挥"把方向、管大局、促落实"的领导作用,严格落实"第一议题"制度,不断总结提炼固化"不忘初心、牢记使命""党史学习教育"等主题教育的特色亮点做法,严格按照"立得住、叫得响、有特色、有影响"标准,倾心打造集组织生活、网络学习、视频会议为一体的智能化、数字化、信息化新型党建活动室,将传统党建工作模式与智慧党建有机结合,构建了富有金能特色的智慧党建工作品牌。结合"金能是平台、人人来创业""调次序、抓重点、创思路、严考核"等系列创新扭亏增盈企业文化理念，将党建品牌拓展融合打造成系统工程，着力在深化智慧党建成体系、促进新能源产业链跨越式发展等方面下苦功夫、用硬功夫、动真功夫，持续提升企业党建引领力、文化凝聚力、发展推动力。为破解企业发展困局、补齐产业发展短板，金能科源公司党委早谋划、抢先机，大胆创新发展模式，抢抓政策红利和市场机遇，积极谋划发展新能源产业、现代物流等产业。目前，"新能源光伏+产业"、换电重卡、矿物伴生新材料研发、超细粉体高值利用项目和"源网荷储"项目等有序推进，为把金能科源公司早日打造成为立体丰满、活力向上的现代企业奠定基础，也有效激发了全体员工奋进拼搏、踔厉前行的创业激情，企业发展已步入"高速车道"。

金能科源公司党委经过近五年的不断探索、创新，总结形成了"五养"党建工作体系，切实将党的政治优势转化为企业的发展优势。在今后的工作中，金能科源公司党委将坚持"超前预判、系统谋划、统筹推进、典型引路、以点带面、整体提升"24字方针，紧紧抓住"智慧党建+133"党建品牌这个"牛鼻子"，继续补好短板、做好功课、创新突破，以高质量党建引领推动金能科源公司高质量发展。

2022年7月

"四力并举"引领保障煤炭营销工作

窑街煤电集团有限公司煤炭运销公司党委

窑街煤电集团煤炭运销公司承担着全公司煤炭销售任务。近年来，煤炭运销公司党委始终把坚持党的领导、加强党的建设作为"根"和"魂"，着力在增强"四力"上下功夫，走出了一条党建深度融入煤炭营销中心工作的新路子，真正实现了以高质量党建引领煤炭营销工作高效率运转、高质效提升。

——拧紧"总开关"，把关定向彰显思想引领力。一是在理论学习上拧紧。煤炭运销公司党委注重把推动学习贯彻习近平新时代中国特色社会主义思想走深走实作为首要政治任务，严格落实"第一议题"制度，系统构建党委带头学、党支部集中学、"学习强国""甘肃党建"随时学、专题讲座辅导学"四维一体"学习模式，引导党员干部在深化理论武装中强化政治担当、坚定理想信念。二是在主题教育上拧紧。深入开展党史学习教育，通过聚焦重点学、强化培训学、丰富载体学、联系实际学，扎实推进党史学习教育走深走实，认真办好政工人员和营销人员"大讲堂"，经常举办读书班、研讨交流会，不断增进广大党员职工汲取党的百年智慧、弘扬伟大建党精神的政治认同、思想认同、情感认同，凝聚起干事创业的信心决心。三是在文化培育上拧紧。紧扣构建"大营销"格局，精心培育打造"发展、和谐、高效、科学"的经营理念和"诚信服务，合作共赢"的营销原则，设计编印煤炭运销公司《营销基础知识手册》，策划编拍《踏浪扬帆济沧海》宣传片，发挥了企业文化"铸魂、塑形、聚力、兴企、建队、育人"突出功能，为煤炭营销工作提供思想动力和精神支撑。四是在从严管理上拧紧。严格落实党要管党、全面从严治党要求，推行一周一安排、一月一检查、一季一考核、一年一总结"四个一"工作法，连续三年超计划完成集团下达各项指标，发挥了党委总揽全局、协调各方的作用。五是在扛好指标上拧紧。煤炭运销公司党委从战略角度出发，提出"大客户+品牌"战略（即构建"以直供企业为主、洗煤用户辅助、商贸公司补充"市场格局），注重抓产品、盯煤质、谋市场、拓客户、强服务、提效益，实现三年煤炭销售主要指标新的突破和跨越，煤炭销量超计划完成任务，保持了"零库存"记录，煤炭售价多次创历史新高，特别是海石湾煤矿混煤售价多次刷新了历史纪录，创建企以来历史最好水平。

——抓牢"牛鼻子"，强基固本激发组织内生力。煤炭运销公司党委坚持以开展"三个六"创先争优活动为载体，为高质量发展夯基垒台。一是筑牢党组织堡垒。深入实施抓思想认识这个先导、抓支部建设这个保障、抓组织生活这个载体、抓履行职责这个关键"四抓"工程，深入开展支部书记带头讲党课、支委委员广泛讲党课、普通党员积极讲党课活动，建立党委书记负总责、班子成员分工抓党建、党支部书记带头抓党建、支部委员合力抓党建、党务人员自己抓党建的工作机制，为抓牢基层党建工作奠定了坚实的思想基础。二是扎紧制度篱笆。煤炭运销公司党委结合自身实际，先后制定和完善党了组织建设、意识形态工作、党建融入生产经营创建工作等规范制度20多项，详细确定工作责任、实施细则、工作方案，有效保证了党建工作和业务工作同谋划、同部署、同落实、同检查，党建工作和业务工作融合更加紧密。三是培育先锋骨干。始终从基层一线先进典型、关键岗位上选人才，大力实施"青年人才培养"和"技能人才培养"工程，打造技能人才队伍，把4名基层业务骨干选拔到业务副主管岗位上，圆满完成首届集团公司化验工技能大赛承办工作，1名职工荣获"甘肃省技术标兵"称号。

——打好"特色牌"，守正创新扩大运销影响力。一是打好发展定位牌。煤炭运销公司党委紧跟集团公司主动融进国家"一带一路"建设、新时代西部大开发、推进黄河流域生态保护和高质量发展等重大战略，坚守"丝绸之路经济带甘肃黄金段综合能源服务企业、煤炭伴生品循环利用技术方案提供企业、中国煤炭行业绿色发展的典范、高质量发展的践行者"的发展定位，坚持在"规定动作"上准确到位，力求在"自选动作"上创新出彩，推动党建工作从"按部就班"向"提质创牌"转变，发挥"龙头"作用，推动低硫、低灰、高热值、优质煤炭产品绿色营销持续向深发展。二是打好党建特色牌。着力实施"五创管理"（创新意识、创新载体、创新方法、创新能力、创新品牌）、"五大行动"（开展主题教育、基层党建规范、党员先锋示范、企业文化浸润、智慧党建阵地建设），创新打造300平方米营销特色文化墙，建成智慧化党建活动室、职工活动室、职工阅览室，做到了党建融入有抓手、党员活动有阵地。三是打好支部精品牌。以品牌创建为载体，开展"党建融入煤炭营销"和"一支部一品牌"党建品牌创建活动（以机关支部优服务、市场支部拓市场、煤质支部盯煤质、调运支部强协调创建品牌），党员在工作中始终亮身份、亮标准、亮承诺，比学习、比作风、比业绩，以先锋模范作用提高煤炭营销质效；认真落实《关于发挥品牌引领作用推动供需结构升级的意见》和《质量提升行动实施方案》，明确"销售品牌战略"创建思路，扎实开展"增品种、提品质、创品牌"专项行动，打造海石湾煤矿配焦煤、三矿和金河煤矿洗精煤品牌，实现以质促销、以质保价、以质增效，以品牌赢得市场良好局面。四是打好管理创新牌。企业持续发展之基、市场制胜之道在于创新，煤炭运销公司注重彰显党组织"把方向、管大局、促落实"的领导作用，深入推动党建工作和煤炭营销深度融合，率先在西北地区煤炭行业实行配焦煤竞价销售，开创了甘肃三大煤业集团煤炭竞价销售的先河；创新集团公司配焦煤竞价销售理念，打破了多年来传统销售模式，连续三年完成甘肃区域保供任务。2021年，煤炭运销公司甘肃市场部首次实现往年陈账和当年货款回收"双清零"目标，实现了煤炭售价创历史、陈账清欠清零创历史、电煤货款清零创历史、销售收入创历史"四创"佳绩。

——共筑"同心圆"，纲举目张增强队伍凝聚力。围绕中心工作抓党建，是基层党建的活力和生命力所在。煤炭运销公司党委以文明创建活动、加大先进典型培树力度、持续传递人文关怀等有效形式，通过深入开展以争创集团公司"劳动竞赛先进单位+六强党委"、工会"九大工程""六型"职工之家、"青年文明号"为主要内容的体系创建活动，不断增强团队的凝聚力。2018—2021年，煤炭运销公司党委连续被集团公司党委评为"六强"党委。一是筑牢"典型圆"。着眼培树先进典型、弘扬工匠精神，广泛开展煤炭营销知识培训、"采制化"工种技能培训、党务专业知识培训、岗位练兵大赛等活动。经过考核，21名"采制化"职工取得资格操作证书。借助"运销风采"微信公众号、"运销风采"自办刊物、自办电视宣传平台，策划运销"奋进者的故事"专栏，宣传先进人物典型事迹，积极传递"向善、向美、向上"的正能量。二是筑牢"人文圆"。聚焦为职工解难题、办实事，每年不定期召开职工座谈会，倾听职工心声，解决合理诉求，彻底打通联系、服务职工群众的"最后一公里"。党史学习教育开展以来，扎实推进"我为群众办实事"实践活动，帮助解决职工关心的"急、难、愁、盼"问题9项。举办退休职工座谈会、党务人员观摩交流学习会。常态化开展慰问帮扶生活困难职工和困难党员、金秋助学、夏送清凉、冬送温暖、大病救助、育才关怀等工作，着力构建以人为本的关爱机制，营造了和谐的发展氛围。三是筑牢"文明圆"。煤炭运销公司自2021年7月份入驻集团公司客服营销中心以来，坚持用企业文化软实力打造煤炭营销的硬支撑，制定了《客服中心管理办法》，对行为规范、卫生区域、仪容仪表、文明办公、劳动纪律、监督考核等全方位进行规范，进一步提升了员工文明行为养成和煤炭运销公司形象，打造富有时代气息、管理规范文明的现代企业。

煤炭运销公司党委在党建融入上走出了一条融合营销工作的特色创新发展之路，促进党的政治优势、组织优势转化为企业竞争优势。今后，煤炭运销公司党委将牢牢把握"三新一高"导向，持续在推进"五创五行动"、智慧党建、"党建+"上发力突破，努力打造成为智慧营销、绿色营销、和谐营销的现代化企业，助力集团公司在高质量发展新征程上书写新篇章。

2022年7月

抓实做优党建工作　强根铸魂引领发展

窑街煤电集团有限公司铁路运输公司党委

近年来,铁运公司党委认真学习习近平新时代中国特色社会主义思想和党的十九大及十九届历次全会精神,深入贯彻全国国有企业党的建设工作会议精神,坚定落实"两个一以贯之",以高质量党建为公司高质量发展聚合力、增引力、强动力。

——统筹推进,强基固本,不断提升党建工作质量。一是坚持抓机制、强保障,落实党建工作责任"硬任务"。按照"完善体系、优化机制、强化基础、提升水平"的步骤思路,铁运公司党委制定《党委会议事规则》《重大决策事项清单(试行)》《全面从严治党主体责任清单》《党委推动全面从严治党主体责任落实督查办法》等,每年定期召开党委(扩大)会、层层签订党建工作目标责任书、开展党组织书记述党建、印发年度党建工作要点、细化量化分解落实党委重点工作,党建工作在经营业绩考核中占比20%、纳入每月经营责任书考核奖惩兑现,形成了具有铁运特色的"三项联系"(班子成员联系支部、支部成员联系小组、小组成员联系党员)党建工作体系和"四项责任"(党委书记为第一责任人、班子其他成员为协管责任人、党群部门负责人为直接责任人、党支部书记为具体责任人)党建责任体系。扎实开展"两学一做""不忘初心、牢记使命"、党史学习教育等主题学习教育,以巡察反馈问题整改完成率91.18%、职工群众满意度97.44%的整改率通过了集团公司党委巡察"政治体检",进一步强化了姓党为国的政治属性。二是坚持抓队伍,促提升,压紧支部建设标准化"硬措施"。按照《党章》《中国共产党国有企业基层组织工作条例(试行)》《关于新形势下党内政治生活的若干准则》等规定,认真对照《甘肃省国有企业党支部建设标准化手册》确立的6个方面27项标准,深入开展党支部建设标准化、"四抓两整治"工作，推进"一支部一特色"党建品牌创建，5个党支部全部达到标准化党支部水平，成为团结群众的核心、教育党员的学校和攻坚克难的堡垒。2021年，工务段党支部以党史学习教育为契机，深入开展铁运线路质量提升行动，更换钢轨325米、道岔钢轨2根、失效岔枕10根、抽换新Ⅱ型砼枕（再用枕）4000根，高质效完成青海宜化专用铁路线路大修理工作。该支部被省政府国资委党委评为"样板党支部"，正线工区被省总工会评为"工人先锋号"。三是坚持抓引领，强动力，提升攻坚克难筑垒"硬实力"。注重集中学和自主学衔接结合，学习实践"双引擎"驱动，组织开展专题报告会、交流座谈会、党员"一带二""党员先锋岗""双培养工程"、岗位练兵、技术比武、合理化建议等党员引领提升行动，先后有5名党员锻炼成长为生产经营骨干，3名党员获得集团公司"优秀党员"称号，党员队伍素质全面提升。面对反复严峻的抗疫形势和艰巨繁重的工作任务，广大党员牢记初心使命，奋力担当作为，坚守在抗疫保供一线。汽车运输队维修班副班长杨翠年从事通勤车检修工作25年，始终坚持"三不"原则（不留隐患上路、不犯技术错误、不容安全有差），带领维修班以高质量检修水平守护全集团职工通勤安全，实现了职业生涯"零失误"。

——强抓融合，发挥作用，不断引领企业高质量发展。一是抓党建与经营管理深度融合。针对连城电厂等周边企业关停导致运量下滑造成的经营困局，铁运公司党委把提高企业效益、增强竞争实力、实现国有资产保值增值作为工作的出发点和落脚点，积极转思路、调结构、挖内潜，立足货场现有资源，转变服务发展方式，与多家客户协商开展石灰石、天矿煤炭敞顶箱的发运；取得青海海西州多家煤炭用户的支持，2021年实现青海木里及马海煤炭运量68.57万吨，实现利润1043.81万元，培育打造了新的经济增长点。着力在盘活现有资源上下功夫，在"走出铁运、发展铁运"上想办法、出实招、求突破，承接青海宜化机车牵引作业和线路维修工程，每年增利170余万元；充分利用汽车修理厂一级资质，与集团公司内部兄弟单位加强合作，先后承接海石湾煤矿、金河煤矿、三矿等单位的大型装卸工具修理工程，把多年沉淀的技术优势转化为企业的竞争优势。二是抓党建与安全管理深度融合。坚持"人民至上、生命至上"安全发展理念，面对铁路沿线落石多发、线路老化、桥梁虫害、设备老旧等不利条件，多措并举开展安全教育与检查督改，筑牢"安全第一"坚实防线，安全生产标准化管理体系达到集团公司地面单位一级水平，累计实现安全运输16600多天。运转段党支部针对管辖业务点多面广的特点，持续推进党员"一带二"（一名党员帮带两名非党员职工）全员素质提升，实现党员全部杜绝"三违"，党员包保班组"三违"人数同比下降10%、隐患整改率达100%，打造形成"一名党员就是一面旗帜、一个工位一个示范岗、一个班组一个责任区"的安全管理模式。积极为疫情防控构筑安全屏障，针对疫情期间乘车职工从平常2200余人剧增到4000余人的特殊情况，汽车运输队党支部第一时间动员13名党员组成"党员突击队"勇做先锋、攻坚克难。刘海军等多名党员连续数月吃住在单位、每天工作12小时以上，想方设法优化通勤车调度协调指挥，及时调整通勤车排班方案，严格落实"三查三检"制度，定时定点进行车辆消毒通风，实现了通勤车零事故、乘坐职工零感染"双零"目标。三是抓党建与改革创新深度融合。聚焦国企改革三年行动重点目标任务，按照集团公司改革工作安排，明确目标，细化任务，压实责任，制定《劳动用工管理办法》《招投标监督实施细则》《职工薪酬与铁路运量挂钩考核实施办法》《"三项制度"改革实施方案》等，全面实施契约化经营管理目标责任制，按安全、任务责任大小将薪酬分配向技术岗位、艰苦岗位、边远岗位倾斜，全面完成7个方面42项改革任务，企业通过改革展现出高质量发展的勃勃生机。

——**设计载体，注重实践，不断凝聚全员奋进共识**。一是注重政治引领，抓深党的思想建设。加强对党建工作、党建知识的舆论宣传，在基层党支部建立党员活动室，完善配备硬件设施，征订《党的建设》《基层民主建设》等党内报刊资料，持续提升党建工作的感染力和影响力。倾情打造以

"团结奉献,创新发展"为主题的铁运印象展览室,充分展现老一代铁运人筚路蓝缕的筑路历程、新一代铁运人披荆斩棘的奋斗进程,将一段段闪亮的奋斗故事生动还原再现,把方寸之间的小角落变成窑街煤电人心驰神往的精神高地,成为连海地区知名的企业文化宣传站、党员教育示范基地。以职工素质提升为主题,投资7万多元打造形成百米文化长廊,成为铁运公司最靓丽的风景线。同时,定期加强对职工群众关心的热点难点问题摸底调查,畅通信访渠道,将各类矛盾纠纷和不稳定因素化解在萌芽状态,2019年以来,实现了无信访以及其他案件,党员无违纪违法,企业稳定发展、群众满意认可。二是提高政治站位,抓实党的作风建设。怀揣"扎根铁运、奉献窑煤"梦想,连续三年开展作风建设年活动,扎实推进"四察四治"专项行动,加强干部作风日常督促检查,大力提高机关办事效率和服务质量。组织党员参观红古区党史展览馆,观看《长津湖》《古田军号》等红色影视,激励全体党员职工铭记红色历史,传承红色精神,赓续共产党人精神血脉,矢志不渝走好新时代长征路。集"劳动模范""技术骨干"等荣誉为一身的工务段养路工区工长张兴平,始终怀揣共产党员的初心使命,顶烈日冒严寒,走线路穿隧道,多次带领养路工区党员干部、全体职工,圆满完成雨季山洪落石抢险救灾,提前高质量完成青海宜化线路大修任务,在企业内外树立了铁运人"一名党员一面旗帜"的良好形象。三是坚定正风肃纪,抓牢党的廉政建设。大力推进廉洁文化"五进"活动,严格落实述职述廉、诫勉谈话、廉洁承诺、重大事项报告等规定,聚焦思想道德、制度机制、权力运行和外部环境四个方面,按"高、中、低"三个等级在重点对象、重点领域和关键环节中查找廉洁风险点,通过建立职权目录、制定防控措施、作出防控承诺等措施,强化了各级党组织和党员干部的廉洁自律意识,营造了依法经营、诚实守信、廉洁自律的良好氛围。近年来,公司领导班子考核等次均为良好;铁运公司职工代表对领导班子成员满意度保持在99%以上。

坚持党的领导,加强党的建设是国有企业的独特优势,是国有企业的

"根"和"魂"。踏上实现第二个百年奋斗目标新的赶考之路,铁运公司党委将持续深入贯彻习近平总书记关于国有企业改革发展和党的建设的重要论述,以高质量党建引领推动企业高质量全面发展,以实干实绩为建设幸福美好新甘肃,为把集团公司建设成为全国一流现代能源企业作出铁运贡献。

2022年7月

打造救援铁军 护航矿山安全

窑街煤电集团有限公司矿山救护中心党委

窑街煤电集团公司矿山救护中心是一支矿山应急救援专业队伍,不但承担着窑街煤电集团公司各生产矿井应急救援任务,还承担着甘肃省应急管理厅、国家矿山安全监察局甘肃局安排的突发性社会应急救援任务,是省、市两级应急救援基地之一。近年来,矿山救护中心党委始终坚持以习近平新时代中国特色社会主义思想为指导,认真学习贯彻习近平总书记对消防救援队伍提出的重要训词精神,努力打造对党忠诚、纪律严明、赴汤蹈火、竭诚为民的应急救援铁军,护航矿山安全生产。

——注重把"对党忠诚"作为应急救援队伍的核心和灵魂。矿山救护中心党委认真落实"第一议题"制度,深刻学习领会习近平总书记重要训词精神,严格规范"三会一课""主题党日"等党内政治生活,及时跟进学习习近平重要论述讲话和指示批示精神,引导全体指战员坚持党的绝对领导,增强"四个意识",坚定"四个自信",做到"两个维护",自觉在思想上政治上行动上同以习近平同志为核心的党中央保持高度一致。深入推进"三个六"("六强"党委、"六好"党支部、"六优"党员)创先争优先锋引领行动,深入开展党员"一带二"活动,让党员"亮身份、亮承诺、亮业绩",推行党员积分制管理,并与工资挂钩每月考核兑现,督促党员切实发挥先锋模范作用。2018年以来,10名党员被集团公司评为优秀党员。

——注重把"纪律严明"作为应急救援队伍的基石和保证。矿山救护中心党委坚持从矿山救护中心质量标准化建设和军事化管理入手,要求全体指战员统一着装,佩戴矿山救援标志,严抓军容风纪,锻造救护队员服从命令、听从指挥,纪律严明、训练有素的工作作风。通过召开复退军人座谈会,回顾在军队的生活,学习军队的优良传统,引导全体指战员以军人的标准严格要求自己、发扬特别能吃苦、特别能战斗的革命军人精神。积极探索创新管理，形成了以"三严四化五坚持"（三严：严格管理、严格训练、严格要求；四化：行为军事化、战备图版化、安全标准化、装备先进化；五坚持：坚持科学救援方法、坚持推广学习新方法、坚持落实救护理念、坚持管理机制创新、坚持用科学制度管人管事）为主要内容的精细化管理模式，进一步提升了管理的系统化、制度化、规范化水平。2019年以来，各类救护出动482队次、预防性安全检查706队次，组织各类事故应急演练133队次，全面安全高效完成上级下达的各类抢险救灾任务，实现了人员"零受伤"目标。矿山救护中心质量标准化等级连续21年经国家矿山安全监察局甘肃局每年度考核验收均达到国家矿山救护大队标准化特级标准，2021年被红古区委宣传部、退役军人事务局授予首届红古"最美退役军人集体"称号。

——注重把"赴汤蹈火"作为应急救援队伍的使命和承诺。矿山救护中心党委严格按照《矿山救护规程》《矿山救护大队质量标准化》要求，深入组织常态化综合素质体能达标、全员技术"大练兵"，技能比武等活动，强化救护队员体能训练。通过训练竞赛提升救援技术水平，小队月竞赛、中队季竞赛，中心年竞赛，确保训练工作日常化、规范化。严格落实集团公司"以干代训"练兵要求，配合各矿井开展井巷封闭、瓦斯排放、反风演习等工作，组织开展救援实战演练、救护技能培训，让指战员及时熟悉各矿井生产现场作业环境，在实战中练就科学高效、专业精准的过硬本领。2018年以来，先后9人荣获甘肃省技术标兵称号，其中救护队员张永斌在全国第七届煤矿救援技术竞赛中，获得个人综合体能第一的优异成绩。2022年4月25日—5月12日，选派25名指战员参加由国务院抗震救灾指挥部办公室、应急管理部、甘肃省政府在张掖市联合举行的代号为"应急使命·2022"高原高寒地区抗震救灾实战化演习，救护指战员兼程几百公里、连续作战、风餐露宿，面对戈壁的沙尘暴、强降温极端天气，发扬英勇顽强的战斗作风，圆满完成了演习任务，受到了甘肃省应急管理厅，张掖市委、市政府表彰。

——注重把"竭诚为民"作为应急救援队伍的宗旨和根本。坚持"人民至上、生命至上"理念,始终把维护职工群众生命财产安全摆在首位,每月参与矿井安全生产标准化检查验收,对集团公司海窑矿区和天祝矿区范围内的小煤矿开采情况进行动态核查、严格管控,有效预防了周边小煤矿超层越界开采等违法行为,为集团公司矿井安全生产夯实了基础。2022年3月,按照红古区政府和红古区武装部关于疫情防控工作部署要求,前后三次调派以退伍军人为骨干的18名队员,奔赴高速公路王家口设卡,执行疫情防控执勤任务,日查验车辆超过4200辆,日劝返车辆超过100辆,以实际行动展现了应急救援队伍的良好形象。

2022年7月

坚持把党的领导贯穿企业发展全过程

甘肃瑞赛可兴元铁合金有限责任公司党委

甘肃瑞赛可兴元铁合金有限责任公司主要从事铁合金系列产品的冶炼加工和生产销售。近年来，兴元公司党委坚持以习近平新时代中国特色社会主义思想为指导，深入学习贯彻全国国有企业党的建设工作会议精神，以高质量党建引领企业高质量发展，使多年连续亏损、资产负债率长期高居不下的"僵尸企业"，实现扭亏为盈，发展成为集团公司煤－电－冶循环经济产业链中的重要一环。

——**牵头制定发展战略**。兴元公司党委组织领导班子成员和党员群众认真学习贯彻新发展理念，抢抓集团公司推动循环经济产业协同发展机遇，牵头研究制定"十四五"高质量发展实施意见，提出"力争用3—5年时间，把兴元公司建设成以冶炼为主，配套余热发电，硅铁产量达到6.7万吨，总产值5亿元以上，利润超2000万元，竞争力强、充满活力、职工幸福安康的行业一流企业"的目标愿景，指明了企业发展方向，鼓舞了职工群众斗志。按照党委意见，兴元公司董事会和经理层积极探索"以硅铁为基，以多元合金为辅"的发展战略，加快推进2×25500KVA铁合金矿热炉技改项目建设步伐。通过扩大产能、降低成本等多种措施，扭转了长期亏损的局面，2021年盈利733.13万元。

——**积极推进科技创新**。在兴元公司党委的精心指导下，兴元公司经理层和工会组织注重发挥"陈新林技术创新工作室"的重要作用，积极组织开展技术难题攻关、"五小"成果转化应用活动。冶炼一车间先后对罗茨风机管道噪音进行治理，对斜桥上料系统进行整体封闭并接入除尘烟道，有效解决了环保隐患。加大新技术、新工艺、新设备在生产中的推广应用，先后引入《移动式锭模定点浇铸技术》《闭式冷却塔在循环水系统中的应用技术》

等，彻底解决了冶炼二车间在浇铸过程中外溢烟气无法得到彻底收集、矿热炉循环水温度居高不下的问题。近三年，兴元公司先后荣获集团公司技术创新三等奖1项、优秀奖2项，2名专业技术人员被评为集团公司十佳技术带头人。

——**全面深化企业改革**。兴元公司党委注重加强对本企业改革三年行动的全面领导，完成"党建入章"，规范落实重大事项党委会前置研究程序，提升了公司治理能力。大力推进"三项制度"改革，签订岗位合同书197份，实现全员岗位合同管理；全面实施工资总额预算管理，实行差异化分类考核，效益浮动工资占比达到工资总额的45%以上；健全管理人员能上能下、末等调整和不胜任退出机制。近三年，内部竞聘各级管理人员14名。深入开展对标世界一流企业管理提升行动，扎实推进"人人都是班组长"全员自主管理，企业管理水平、发展活力、市场竞争力、抗风险能力不断增强，营业收入利润率为13.62%，成本费用利润率为13.55%，均达到行业优秀值。

——**夯实党建工作基础**。对照《中国共产党党支部工作条例（试行）》和《甘肃省国有企业党支部建设标准化手册》，全面加强党支部建设标准化工作，积极开展"一支部、一特色、一品牌"的党建品牌创建活动，各党支部按照"突出职责，各有侧重"的理念，培育创建了机关党支部"融合协同、服务大局"、冶炼一车间党支部"炼就精品、铸就堡垒"、冶炼二车间党支部"红色铁匠铺、星火永传承"等品牌。深入推进"三个六"创先争优先锋引领行动、"四抓两整治"、党员先锋岗、党员责任区、党员"一带三"等实践活动，探索实行党员积分制管理，较好地发挥了党支部战斗堡垒和党员先锋模范作用。近三年，先后有3个党支部和9名党员分别被集团公司评为"六好"党支部和优秀党员。

——**大力培养优秀人才**。兴元公司坚持党管人才、党管培训原则，积极创造有利于人才发挥作用的良好环境。扎实推进全员素质提升工作，对各级管理人员和技术工人采取"订单式"培训，鼓励职工提升学历层次、专业技术水平和技能等级,努力培育知识型、技能型、创新型高素质专业化人才队伍。2021年以来,先后招聘专业对口大学生4名,学历提升职工11人,已获取各类技能等级资格证书职工21人,引进电气自动化等4个专业技术人才26名,累计培训各类专业人员215人次,先后有14名职工分别获得集团公司和兴元公司技术标兵称号。

——**推进党建与生产经营深度融合**。深入开展党建融入安全生产经营创建活动,坚持"两个至上",始终把保护职工群众生命安全和身体健康放在一切工作的首位,健全"党政同责、一岗双责、齐抓共管"的安全生产责任体系,扎实开展党员身边无事故、无隐患,安全知识问答、主题演讲等系列活动,使"零违章、零伤害、零事故"成为了广大职工的共同追求,连续6年杜绝了人身受伤事故和较大及以上非伤亡事故。引导党员群众牢固树立成本意识、节约意识、效益意识,将党支部月度考核与物资消耗定额管理、材料消耗情况挂钩考核。2021年,冶炼一车间党支部围绕降本增效的目标,把原使用的钢屑调整为钢渣,使硅铁生产成本降低39元/吨。同时,抢抓产品市场价格上升大好机遇,实施产品竞价销售,最大限度地获取产品利益。以考核为导向加压驱动,严格落实全面预算和月度契约化考核,不断加大"降本、挖潜、增效"力度,强化"两金"管控,加强成本费用控制,各项经济指标不断向好。2021年,硅铁产量完成2.02万吨,工业总产值完成1.56亿元,资产负债率从年初到年末,下降了160.81个百分点。

2022年7月

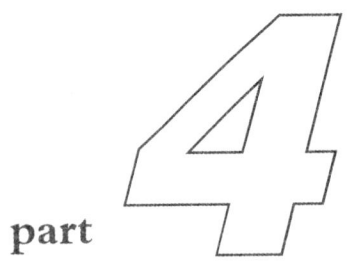

part 4

举旗筑垒

旗帜火红,于今更艳;高山景行,于斯更盛。在鲜红的党旗引领下,窑街煤电集团有限公司167个基层党支部深入开展党支部建设标准化、"四抓两整治"、党建融入生产经营创建、党支部和党员双积分制管理、"党旗在生产一线高高飘扬"等抓基层、强基础、补短板、促发展等攻坚聚力行动。

五年多来,一个个党支部就像一个个动车引擎,一个个党支部就如一个个战斗堡垒,推动企业安全生产、经营管理等各项工作在"三新一高"的轨道上奋力飞驰,为加快建设全国一流现代能源企业注入了砥砺前行的强劲动力。

激发新活力　　彰显新作为

窑街煤电集团有限公司海石湾煤矿综采二队党支部

海石湾煤矿综采二队主要承担着矿井原煤生产工作任务。多年来，在集团公司和矿党委的正确领导下，综采二队党支部紧紧围绕矿安全生产、经营管理和深化改革等中心工作，坚守平凡践初心、筑垒扬旗展作为、厚积薄发立潮头，团结带领全体党员和广大干部职工攻坚克难、砥砺奋进，为海石湾煤矿高质量发展作出了突出贡献，2019年被甘肃省政府国资委党委评为先进基层党支部。

——**激发党支部干事创业新活力，夯实党建工作基础**。一是进一步开展党支部建设标准化工作。对标《甘肃省国有企业党支部建设标准化手册》的6个方面27项标准，建立推进党支部建设标准化"三项清单"（责任清单、问题清单、任务清单）。通过补短板、强弱项、促规范，达到"全面建、整体上"的要求。二是进一步履行"一岗双责"责任。对党支部书记、委员的工作职责进行明确量化，并坚持将党建工作与安全生产工作同部署、同落实、同考核。针对安全生产重点工作，利用支委会、党员大会开展集体讨论，特别是对危险系数高的重点岗位进行梳理，每一名党员作为班组安全确认、危险源辨识、手指口述、岗位标准施工工序的监督者和落实者，对发现的不安全行为及时制止，安全隐患排查整改率达100%，确保了安全生产。三是进一步强化思想政治工作。严格落实"三必谈""四必访""五到家"工作思路，结合企业新形势、新任务、新要求，扎实开展政策宣传、形势教育、座谈走访等有针对性的思想政治工作，从感情上贴近职工、作风上深入职工、生活上关心职工，统一职工思想，坚定发展信心，全队出勤率高达85%以上，为各项工作顺利开展奠定了坚实基础。

——**激发党支部创先争优新活力，提升全员综合素质**。一靠理论武装提升素质。综采二队党支部认真落实"三会一课"和职工政治学习制度,不断细化充实支部班子、党员和职工学习内容,在支部党员学习交流群内开展"每天十分钟"微学习活动,以讲微型党课、面对面宣讲、辅导培训、主题研讨等形式,支委成员集中学、党员之间交流学、职工群众辅导学等方式,营造浓厚学习氛围,学习效果不断提升。2019年上半年,组织集体学习20次,人均记写学习笔记1.5万字以上,开展理论辅导、座谈研讨等6次,支部组织优秀党员讲专题党课8次,理论考试3次,支部党员理论联系实际、指导实践的能力明显提升。二靠安全教育提升素质。综采二队党支部努力将安全理念根植于全体党员群众内心,认真落实职工安全思想教育"四个一""六到"班前会和现场"一岗三述"工作法,开展安全培训、案例教育、现身说法、"三违"帮教等联保保安全活动,组织党员与"不安全"人结对帮扶,规范全队职工的安全操作行为,"三违"人数同比下降30%。三靠实训操作提升素质。综采二队党支部结合工作岗位人员实际情况,把教育培训从课堂搬到现场,以现场工序操作为重点,对特殊工种、转岗人员及班组长进行强化培训,确保作业人员安全有序可控、技术素质过硬。同时大力实施"双培养"工程,开展导师带徒、岗位练兵、技术比武活动,近两年发展党员4名,培养党员技术骨干5名。

——**激发党支部攻坚克难新活力,打造安全高效团队**。一是建强支部堡垒,调动团队工作热情。面对"10·5"矿压显现、两次工作面搬家倒面给按时完成生产任务带来的深度影响,综采二队党支部认真开展"三亮、三比、三赛"活动,积极组织开展"六好"党支部争创,建责任区、设先锋岗,广大党员主动承诺,一名党员一面旗帜,较好地发挥了党支部战斗堡垒和共产党员先锋模范作用。同时,党支部积极组织开展劳动竞赛、创新创效、"五小"成果、合理化建议、岗位练兵、导师带徒、群监协管等活动,有效激发了党员干部和职工群众干事创业的热情。通过"人人都是安全员"安全风险管控、隐患排查治理,增强了全员参与安全管理的责任感和使命感,有效推动了安全发展。2018年，完成生产任务120万吨，吨煤成本236.51元/吨，比计划下降2.2元/吨。二是立足攻坚克难，提升团队战斗能力。综采二队党支部在现场工作条件困难的情况下，队领导班子带头跟班，并和现场跟班管理人员一起，确保对每道工序、每个环节认真把关，特别是在面对一些急难险任务时，支部班子成员都能做到心往一处想、劲往一处使。一方面，支委班子成员及时深入职工家中做思想工作，鼓励职工正常出勤；另一方面，第一时间成立以党支部书记、队长、副队长、班组长为主的党员突击队，勠力同心完成各项抢险任务。三是实施自主化管理，形成团队管理合力。综采二队党支部认真开展"人人都是班组长"全员自主管理，不断完善规范班前会流程，制作班组看板，班前会事故案例分析法、唱"班歌"、诵读一封家书、组织全员学习塔山煤矿班前会议召开视频，将安全思想和管理理念及时融入到班组建设中去，凝聚人人参与、人人发力的全员管理合力，班组管理水平进一步提升，为实现安全生产奠定了坚实的基础。

2019年7月

攻坚克难筑堡垒　团结奋进显作为

窑街煤电集团有限公司金河煤矿综掘队党支部

窑街煤电集团有限公司金河煤矿综掘队主要承担井下采煤工作面煤巷掘进任务。近年来，综掘队党支部坚持以习近平新时代中国特色社会主义思想为指导，紧扣金河煤矿高质量发展，以加强党支部建设标准化工作为主线，以打造"六好"党支部为重点，注重抓落实、求实效，不断激发党建工作活力，为企业发展作出了积极贡献。2019年被甘肃省政府国资委党委评为先进基层党支部。

——**加强党支部建设标准化工作**。认真学习贯彻落实《甘肃省国有企业党支部建设标准化手册》《金河煤矿关于推进党支部建设标准化实施方案》《基层党支部十项纪录规范标准》，以"全面建设标准化党支部、杜绝轻伤及以上人身事故、全面完成矿下达的生产任务"为目标，紧紧围绕安全生产中心工作，把主题党日与安全生产实际相结合，把活动现场搬到工作面，把活动平台融入安全生产。结合工作面实际，全力打造钳工维修班党员先锋岗、创建电钳维修班党员责任区，充分发挥党员先锋岗、党员责任区的辐射带动作用。2018年，"三违"人数较2017年下降了5%，保持了综掘队平稳健康的发展态势。

——**引领党员带头攻坚克难**。坚持把党建工作贯穿于安全管理和施工组织中，注重发挥全体党员和青年员工的积极性、主动性。面对16114工作面断层多、矿压显现频繁、地质条件复杂等不利因素，党支部认真组织，发挥"12名党员、12面旗帜"的先锋模范作用，按期完成了贯通工作，创造了金河煤矿油页岩工作面日掘10.8米的好成绩。在工作任务面前，党支部的每一位党员都勇挑重担、迎难而上，高标准、高效率、高质量地完成本职工作任务。在16213-2后期回风巷掘进工作中，党员以身作则，加班延点，比矿下达日期提前9天完成，其中日进尺13.5米，创造了金河煤矿锚网支护掘进新纪录。在17204-2工作面回风顺槽掘进时，由于没有煤仓，每班两台绞车提升，矿渣需要翻到大巷煤仓，每班掘一片，打锚杆一排。随着巷道降层成功，遇到全断面岩石，坡度达到25度左右，综掘队党支部大力弘扬共产党人的奉献精神，组织党员干部经过认真研判、精心组织、科学施工，狠抓安全质量，通过在综掘机下面掩方木、垫矿渣等方式攻坚克难。掘进到全断面煤时，该队两台绞车提升，后巷三台溜子配合综掘机出渣，同时把矿渣翻到大巷煤仓，达到了圆班掘进5排（4.5米）、出渣40车以上的好水平，为采掘接续赢得了时间。

——**探索实践全员自主管理新模式**。积极推进"人人都是班组长"全员自主管理模式，将管理工作下沉到班组，将安全举措落实到班组，激活每一位职工的潜能。同时抓好材料管理，注重节支降耗。2018年以来，综掘队党支部强化材料库房管理，推行标准化库房建设，按照不同类别、不同规格、不同属性及存放时间等进行分类编码登记、归类摆放，消除了库房凌乱不堪的现象。党员带头开展回收复用修旧利废工作，为加强材料管理创造了便利条件，在材料管理和降本增效上有了很大进步。全年共节约材料费用近30万元。

——**切实关注关心职工生活**。坚持从解决职工最关心的问题入手，切实把关系职工工作生活的各项政策和措施落到实处。职工包颜红下班后不慎摔倒在公路上，党支部了解到这个情况后，第一时间赶到医院看望，并把5350元自发捐款送到他的手中，使他内心感受到了党组织给予的温暖。平时工作中，对上班期间思想抛锚、精神不集中的职工，家庭矛盾突出的职工，认真落实谈心、沟通制度，为他们疏导情绪，引导他们全身心投入到工作上，大大提升了本质型安全水平。在职工工资、奖金等敏感问题上，严格执行"五公开一上墙"制度。对职工的疑问，第一时间进行答复，确保了分配制度公正、公平、公开、透明，职工群众的获得感、幸福感、安全感不断增强。

2019年7月

强基固本筑堡垒　　创先争优促发展

甘肃窑街劣质煤热电有限责任公司电气车间党支部

甘肃窑街劣质煤热电有限责任公司电气车间主要负责集团公司窑街、海石湾地区各矿井及家属区的安全供电和厂区电气设备的维护任务。近年来，车间党支部按照新时代党的基层组织建设要求，团结带领全体党员不忘初心、牢记使命、砥砺奋进，努力发挥党支部的战斗堡垒作用和共产党员的先锋模范作用，圆满完成了各项任务。2019年被甘肃省政府国资委党委评为先进基层党支部。

——**抓严标准化建设夯基础**。电气车间党支部对标《甘肃省国有企业党支部建设标准化手册》6个方面27项具体标准，精研细究，统筹规划，积极组织开展党支部建设标准化各项工作，务实开展学标、贯标、议标、对标、践标工作，将标准化工作细化为5个阶段、10个节点，修订了党支部建设13项制度，制定了党支部建设标准化年度工作计划和涉及12个方面的任务清单，跟踪落实，党建工作质量得到全面提升。推行党员干部承诺制度，组织13名党员对照党员标准，立足自身岗位，郑重作出承诺，将承诺内容融入岗位职责，化为实际行动，时刻铭记党员身份，自觉接受群众监督，进一步激发党员工作积极性，彰显了党员的先锋模范作用，推动了电气车间各项工作顺利开展。

——**抓实党内政治生活强堡垒**。一是加强学习，增强班子综合素质。采用讲党课、开展主题党日活动，召开党员大会、党小组会等形式，以"两学一做"学习教育、"不忘初心、牢记使命"主题教育为契机，组织开展建党节系列活动，教育引导广大党员筑牢信仰之基、补足精神之钙、把稳思想之舵。全年共召开支委会12次、党员大会7次、党小组会12次，讲党课4次，开展主题党日活动12次。二是发扬民主，增强凝聚力。认真贯彻民主集中制原则，充分发扬民主，研究重大问题遵循议事规则，坚持班子集体讨论决定，发挥了班子整体效能，先后对电厂岗位绩效工资考核、电气设备春检实施方案及技术措施、3#发电机大修方案、开机措施、安全生产事故责任追究制度等19个事项进行研究讨论。2018年，完成发电量6.036亿千瓦时，超计划0.59%。三是开展创先争优和作风建设年等活动。严格按照《关于新形势下党内政治生活的若干准则》要求，认真开展批评与自我批评，在工作上实行分工协作制，干部之间相互支持、相互配合，形成了顾大局、讲贡献、争先进的和谐共事局面。2018年，电气车间党支部被集团公司党委授予"六好党支部"。

——**抓好党员队伍建设作贡献**。积极创新党建工作载体，围绕车间安全生产、经营管理、春检预试、职工培训、应急演练、隐患排查治理等重点工作，以开展"创建党员安全责任区""争创党员安全示范岗""三个六"创先争优先锋引领行动为主要内容的建区创岗活动及"三看三亮三比三评"（向党章看齐、向先进看齐、向党员看齐；亮身份、亮标准、亮承诺；比学习、比技能、比业绩；职工评议、党员互评、领导点评）主题实践活动为载体，让党员在安全生产中亮身份、树形象、比业绩，处处彰显共产党员的先锋模范作用，党组织服务水平得到提升。坚持把"党员安全责任岗"设立在春检现场，党员干部坚持每天深入大修现场严查安全隐患，强化检修过程控制，实现了设备检修标准化和管理规范化。2018年，完成35KV设备及开关检修176台次，校验保护装置28台次，检修变压器31台，开展车间级应急演练4次，班组级应急演练16次，有效消除了安全隐患，形成了党建工作与业务工作相互促进、相得益彰的良好局面，为车间全年安全发供电提供了保障。

2019年7月

"三抓三促"提升党建引领保障力

窑街煤电集团甘肃金凯机械制造有限责任公司机械加工厂党支部

窑街煤电集团金凯公司机械加工厂主要承担各类机加工件的制作、组装任务,主要产品有矿车、平板车、刮板机等矿用设备和带式输送机用滚筒、托辊、驱动架等设备配件。近年来,机械加工厂党支部牢牢把握新时代党建工作新要求,不断加强党支部建设标准化工作,深入推行"三抓三促"工作模式,较好地发挥了党支部的战斗堡垒作用,全面超额完成了各项生产目标任务,为金凯公司高质量发展作出了积极贡献。2019年被甘肃省政府国资委党委评为先进基层党支部。

——抓对标对表,促党建质量提升。机械加工厂党支部不断提高政治站位,强化标准理念和规范意识,认真研究把握新时代党建工作特点和规律,以党支部建设标准化工作为抓手,全面提升支部党建工作质量,更好地保证和服务企业发展大局。一是抓部署,靠实责任。党支部建设标准化工作开展以来,机械加工厂党支部第一时间召开动员部署会议,深化认识、明确要求、统一行动。结合实际,制定了《机械加工厂党支部建设标准化工作推进方案》和年度工作计划,坚持高标杆定位、高起点谋划、高标准开展、高质量推进,确保干出亮点、走在前列、取得实效。2019年,被金凯公司党委树立为党支部建设标准化工作标杆党支部。二是抓宣贯,掌握标准。坚持党支部书记上讲台,带头解析《甘肃省国有企业党支部建设标准化手册》。党员干部开展以"学习贯彻习近平新时代中国特色社会主义思想,深入开展党支部建设标准化工作"为主题的研讨交流活动,撰写研讨交流材料14份。通过深入学习和研讨交流,引导党员干部逐项对标抓建设,稳扎稳打提质量,有力有序有效推进党支部建设标准化工作。三是抓整改,规范流程。对照《甘肃省国有企业党支部建设标准化手册》6个方面27项标准,结合学习三矿党建标准化工作现场会精神,查漏补缺，制定了党支部工作制度21项，进一步规范落实"三会一课"、主题党日、组织生活会、党支部班子述职评议等制度，促进党内政治生活制度化、规范化，让党支部和党员行有参照、做有标准。

——**抓教育培训，促职工素质提升**。为提高职工技能水平和业务素质，打造一支素质过硬的职工队伍，机械加工厂党支部牢牢抓住教育培训这个"牛鼻子"，多措并举提升职工素质。一是抓理论学习，提高政治素质。每年年初，制定党支部政治理论学习计划和党员个人学习计划，利用班前会、政治理论学习、"三会一课"等，开展集中学习习近平新时代中国特色社会主义思想、党的十九大及十九届历次全会精神，不断提高党员干部用党的最新理论成果武装头脑、指导实践、推动工作的能力水平。2018年，召开政治理论学习会48次、上党课12次。党员在集中学习的基础上加强个人自学，党支部书记每月对党员学习笔记检查签字，党员学习笔记每年人均达1万字以上，营造了认真学习、深入思考、广泛交流、共同提高的良好氛围。二是抓技能培训，提高技术水平。积极开展岗位练兵、技术比武，以"双师带徒"（两个师傅带一个徒弟，一个教理论知识、一个教操作技能）方式创新，开展技能传授，发挥党员技术骨干"传、帮、带"的导师作用。每年年初签订师徒合同，年底双向考核（徒弟合格奖励师傅，徒弟不合格处罚师傅），用经济杠杆激励带徒促学，进一步调动职工学技练艺的积极性，提高了职工专业技能水平。在2018年集团公司岗位技能比赛中，4名职工分别获得车工第2名、第3名、第4名和电焊工第5名的好成绩。三是抓学历提升，提高综合素质。按照企业职工培训要求，积极鼓励职工在职学习、参加职称考试，调动职工在职学习专业技术的积极性、主动性，不断提升业务素质，增强自我发展能力。2018—2019年，职工晋升职称2人、提升学历5人。

——**抓融合发展，促工作质效提升**。机械加工厂党支部始终坚持"抓党建从生产经营出发，抓生产经营从党建入手"的工作思路，把党建工作与生产经营深度融合，推动双轮驱动，互促共进。一是抓思想宣传，增强安全意识。利用班前会、每周安全学习日落实"第一议题"，学习习近平总书记关于安全生产的重要论述和指示批示精神，传达集团公司和金凯公司有关文件会议精神，针对安全生产进行具体安排并提出要求，不断提高干部群众的思想认识和安全意识；采用悬挂安全条幅、安全知识问答、开展安全知识竞赛、手指口述及观看安全警示教育片等多种宣传方式，大力宣传党和国家安全生产方针政策、法律法规，推进安全文化建设，启发职工高度重视人的生命价值，营造日益浓厚的"关爱生命，关注安全"的舆论氛围。同时，定期对职工进行安全培训，积极参加上级组织的各类安全培训，2018年，参加安全培训110人次，有效提升了职工"思考安全、做到安全、保卫安全"的意识能力。2018年以来，安全生产实现了"零受伤"。二是抓任务落地，彰显担当作为。注重在攻坚克难中彰显共产党员的先锋模范作用，把重任面前、困难之时、危难之处的表现作为党员干部能力强不强，作风硬不硬的评价标准。2018年6月，面对金河煤矿、天祝煤业公司、海石湾煤矿液压支架紧急维修和海石湾煤矿上广场滑坡应急治理项目钢护筒加工制作及主斜井煤仓口塌陷应急抢险等任务，机械加工厂党支部成立以党员干部为骨干的突击队，主动放弃节假日和休息日，克服脏、累、差的作业环境，凝聚攻坚合力，以勤劳智慧保证了艰难繁重任务如期高质量完成，保障了各矿安全有序生产。三是抓技术攻关，推动创新增效。有效借助企业资源，整合厂区资源，为职工搭建技术攻关平台和岗位创新平台，推进干部职工队伍建设，广泛开展积极参与高效率、高质量的岗位练兵、技能大赛和行业竞赛活动，形成了岗位全员创新、班组团队创新、劳模工匠人才创新相结合的"三位一体"创新体系。2018—2019年，取得技术创新成果5项，其中，半通切槽倒角复合车刀的改制获得金凯公司技术创新成果二等奖；等离子熔覆专用陶瓷合金粉末重复利用、托辊轴扁合金铣刀改制、尼龙托辊车削方法改进、偏心套工装改进等获得金凯公司技术创新成果优秀奖。

2019年7月

掘进面上党旗红

窑街煤电集团天祝煤业有限责任公司掘进一队党支部

窑街煤电集团天祝煤业公司掘进一队主要承担井下采煤工作面岩巷掘进任务。近年来，掘进一队党支部按照"融入中心抓党建、抓好党建促生产"的思路，以党支部建设标准化工作为抓手，以"党组织晋位升级、党员争星登高"为重点，认真开展"六好"党支部、"六优"党员争创活动，提升了支部党建工作质量，筑牢了安全生产战斗堡垒。2019年以来，累计完成掘进总进尺2344米，比考核计划超额1310米，合格率达100%，精品率达到95%以上，杜绝了轻伤及以上人身事故，安全生产周期达到了1900多天，为天祝煤业公司顺利达标安全生产标准化国家一级矿井作出了积极贡献。2021年被评为甘肃省省级先进党支部。

——**强化支部组织建设，凝心聚力发挥作用**。掘进一队党支部严格对照《甘肃省国有企业党支部建设标准化手册》6个方面27个工作标准和规范，认真学标贯标、对标践标，健全支委班子，细化完善支部书记、支委班子成员"一岗双责"和抓党建工作责任清单，认真落实"三会一课"和主题党日等组织生活制度，统一职工思想，认清形势任务，明确工作目标。坚持"六必谈、三必访"，党员干部带头为职工排忧解难，做到了职工"平时有人访、惑时有人解、难时有人帮、病时有人管"。2019年以来，党支部组织走访慰问困难职工15人，帮扶特困党员3人，党员干部职工爱心捐款达18100多元，让职工群众切实感受到了党支部这个大家庭的温暖和关怀。2018—2020年，连续荣获集团公司"六好"党支部、"六好"区队称号，先后有20多人荣获天祝煤业公司"优秀共产党员""安全生产先进个人""安全标兵"等称号。

——**建强支部战斗堡垒，引领保障安全生产**。掘进一队党支部按现场工作区域划分党员责任区2个，设定党员示范岗2个，亮明党员身份，挂牌规范管理，责任区发生任何轻伤事故，对当班党员和当事人一并追责，切实增强了党员的责任感；积极开展党员反"三违"、党员"三无"、党员"三包"主题实践活动和主题党日等活动，党员承诺践诺，做到了"打注一根锚杆必须合格，掘进一米进尺必须精品"。2019年以来，组织施工的原二采区变电所、二采区避难硐室、2101工作面煤仓被评选为窑街煤电集团公司精品工程；2365车场、2270车场、二采区瓦斯抽放硐室被评为天祝煤业公司最优岩巷工作面；1204工作面进、回风车场在国家安全生产标准化一级矿井验收时得到专家组一致好评和表扬。

——狠抓职工教育培训，提高全员技能素质。掘进一队党支部立足职工岗位实际，以"雨课堂""21+1"培训学习为抓手，以安全培训"四个一"活动为重点，深入开展"学习型党支部""学习型班组""学习型员工"创建、党员岗位安全承诺、安全明星评选、党支部书记上讲台讲党课等主题实践活动，把思想教育和技能提升融入到学习型班组、岗位培训、技术比武、修旧利废等活动中，激发了职工学练技艺、苦练绝活的热情。近三年，共培养技师1名、高级技工8名，岗位工持证率达100%，17名职工做到了"一人多证、一专多能、兼职作业"，有效提高了全队职工的技术技能素质。同时，积极组织党员技术骨干开展技术攻关、科技创新活动，大大提高了工作质效，降低了安全风险。

2019年7月

凝心聚力担使命　不负韶华勇作为

窑街煤电集团有限公司海石湾煤矿综采二队党支部

窑街煤电集团公司海石湾煤矿综采二队主要承担海矿原煤生产任务。近年来，综采二队党支部坚持把党支部建设标准化工作作为提升党建工作质量的"牵引器"，通过立标、学标、对标、达标，进一步促进党支部建设标准化、规范化、制度化，创造了连续5年安全生产无事故的骄人业绩，先后获得甘肃省政府国资委党委"先进基层党组织"、甘肃省"工人先锋号"、窑街煤电集团公司"六好"党支部等荣誉称号。2021年被评为甘肃省级先进党支部。

——**夯基固本筑堡垒，凝心聚力创一流**。打铁还需自身硬。一方面，从抓好自身建设入手，对标对表《甘肃省国有企业党支部建设标准化手册》6个方面27项标准，逐一对照检查，逐条逐项建立问题、任务、整改清单，补短板、强弱项、促规范，提高了工作水平。同时，充分利用"学习强国""甘肃党建"等平台，认真落实"三会一课"、组织生活会等制度，传达贯彻上级会议精神，分析当前形势任务，开展集中学习教育，坚持把学习教育抓在日常、严在经常，确保了党员学习教育、组织生活常态化、全覆盖。另一方面，从凝聚人心入手，结合企业新形势、新任务、新要求，党支部把形势任务教育作为重要任务来抓，把企业面临的形势任务、机遇和挑战向职工讲清楚，统一职工思想，坚定发展信心。

——**力践使命铭初心，争做煤海弄潮儿**。"重要岗位有党员、困难面前有党员、攻关创新有党员、提质增效有党员"，这是综采二队党支部秉承的工作原则。面对复杂的开采条件，党支部在工作面设立党员责任区、先锋岗、竞赛台，组织全体党员开展"党员先锋岗""党员责任区""党员突击队""党员一带三"为主要内容的党员品牌竞赛活动，党员队伍成了敢啃能啃硬骨头的排头兵，既锤炼了一支特别能战斗、特别讲奉献、特别顾大局的党员队伍，又带出了一支爱岗敬业、埋头苦干、奋发进取的职工队伍。在回采6123-2工作面时，面对少有的大采高、长倾向工作面，党支部书记杨伟杰一到现场就忙个不停，井巷里处处都有他的身影，冲在前、干在先，带头拉移超前支架、维修巷道、人工背渣，圆满完成了6123-2工作面开采任务，产出原煤190万吨。在6123-2、6124-1工作面施工回撤通道期间，党员干部带头跟班带班，与职工同上同下，成立了以党员干部为骨干的突击队，把党员责任区、先锋岗设在工作面、作业点，党员亮身份挂牌上岗，重点岗位党员干、急难任务党员上、薄弱岗点党员带，三班连轴转，紧盯现场，蹲点作业，与职工一起扛支柱、架抬棚、注锚杆。在大家共同努力下，高质量完成了各项安全生产任务。在煤海深处，支部的11名党员充分发挥榜样作用，他们就像一颗颗闪亮的星星，用各自的微光点亮每个施工现场，引领百名职工出色地完成每个工作任务，原煤产量节节攀高。

——**厚积薄发立潮头，逐梦创新显英姿**。面对世界少有、国内罕见的地质灾害，如何更好地保障安全生产无疑是党支部最大的课题。一方面，严格落实"想不到是失职，做不到要问责"管理理念，大力推行现场管理零盲区、安全检查零缝隙、整改区域零隐患的对应措施，组织党员开展"比思想觉悟、看作风形象，比宗旨意识、看党群关系，比岗位技能、看工作业绩"的"三比三看"活动。在克服地质条件影响的情况下，截至2020年9月底，党员已连续13个月无"三违"，全队已连续5年无重伤以上人身事故。无论是安全，还是产量、工效，在全集团公司处于领先水平。另一方面，充分发挥思想政治工作的渗透引导作用，坚持每月开展井口接亲人、家属座谈交流、不安全人排查、职工生日带薪休假、小连班全脱产培训、困难职工"一对一"帮扶等活动，将刚性制度、弹性管理和亲情帮教融入安全宣传教育活动中，让职工行为习惯在人文关怀、亲情感召的生动环境中得到有效固化、规范和约束。同时，积极组织开展劳动竞赛、创新创效、"五小"成果、合理化建议、岗位练兵、导师带徒、群监协管等活动，致力打造党员干部和职工群众凝心聚力、事争一流的干事创业环境。2018年生产原煤155万吨，2019年生产原煤177万吨，2020年生产原煤180万吨，三年累计生产原煤512万吨，作为唯一的原煤生产区队，为海石湾煤矿三年累计完成18.27亿元利润作出了积极贡献。

2021年7月

强化党建引领　创建样板党支部

窑街煤电集团天祝煤业有限责任公司综采一队党支部

天祝煤业公司是窑街煤电集团子公司，综采一队作为天祝煤业公司主力生产区队，承担着全公司原煤生产任务，是一支扎根矿山、开采光明、传承文明、强企报国的煤海劲旅。近年来，综采一队党支部坚持以习近平新时代中国特色社会主义思想为指导，以"四融入四突出"为抓手，持续推进党支部建设标准化工作，全力打造党建融入生产经营样板党支部。荣获"全国模范职工小家"、全国煤炭工业"三基九力"建设优秀班组、"甘肃省先进基层党支部""甘肃省创新型班组""甘肃省青年文明号生产线"等荣誉称号。

——**强化思想引领，激发工作干劲**。综采一队党支部以党史学习教育为契机，以"党旗在一线飘扬"主题党日活动等为抓手，以持续创建"样板党支部"为目标，在党员干部中深入开展"五责五心"教育活动（知责：知道工作职责；尽责：全力尽心尽责；明责：明确肩负责任；负责：勇于担当负责；问责：严肃追责问责。用爱心为责任奠基、用专心为责任铺轨、用信心为责任开路、用虚心为责任补缺、用诚心为责任护航），全力引导广大党员干部以史增信、以史铸魂、真抓实干、勇于担当、主动作为，把焕发出的政治热情转化为推动党建融入安全生产、经营管理的动力，以实实在在的工作成效体现党史学习教育成效，以高质量党建引领推动区队各项工作迈上了新台阶。2021年，天祝煤业公司综采一队党支部获"甘肃省先进基层党支部"荣誉称号。

——**强化先锋引领，保障安全生产**。综采一队党支部注重以安全生产、预防新冠肺炎疫情、复工复产新成效来检验党支部、党员的先进性和纯洁性。2021年以来，始终以综采工作面为主战场划分党员责任区，认真开展"一旗二岗三带头"（一个党员一面旗帜、我为党旗添光彩，党员先锋岗、党员示范岗,党员带头提高操作技能、党员带头钻研业务技术、党员带头攻破难关)活动,设定党员示范岗,亮明党员身份,挂牌规范管理,接受职工监督,并积极开展党员反"三违"、党员"三无"(党员个人无违章、党员身边无事故、党员岗位无隐患)、党员"三包"(班组党员包安全、包生产、包稳定)主题实践活动,职工"三违"人数与2020年同期下降35%,切实把党员的先进性和纯洁性体现在了消除安全隐患、有效遏制事故、理顺采掘接续、增产增效增收等急难险重任务上,形成了一个班组就是一个责任区、一个岗位就是一个示范点、一名党员就是一个标杆的"综采一队党支部安全管理模式",取得了连续10年杜绝重伤及以上人身事故和重大非伤亡事故、年产量百万吨等业绩,实现了安全生产标准化和党支部建设标准化"双轮驱动"。

——**强化组织引领,推动提质增效**。综采一队党支部根据班组情况优化配置党员分布,确保每个班组至少有一名党员,引导党员在组织提供的岗位上努力工作、发挥作用,在"增"字上想办法,在"降"字上下功夫,深入开展"三比三优"(比安全质量优、比效益工艺优、比奉献品德优)活动。党员带领职工群众从点点滴滴抓节约、方方面面堵漏洞,不断优化工作面回采工艺,加强放顶煤管理,每班放煤含矸率控制在20%以内,增产增效效果十分显著。注重党员评优融入全面绩效考核管理,根据公司每月下达的各项费用指标,将吨煤成本、材料消耗、节支降耗、回收复用等指标与党员职工工资奖金挂钩,并签订"军令状",实行节约奖励、超出自负的考核办法,严格按劳动定额、工效、出勤、产量综合分析、核算工资、奖罚兑现,形成了一套行之有效的经营管理模式。深入开展"劳动竞赛、技术创新""五小"攻关、"双增双节"等竞赛活动,给每名党员压担子、定目标,并着力发挥岗位能手、技术标兵、科技带头人的引领示范带动作用。近年来,先后完成液压支架"十字头"改制、胶带输送机防跑偏装置等10多项技术革新,积极探索研究快速高效采煤的新技术、新工艺、新方法,不断改进管理方法，优化工艺流程，提高装备保障能力，切实把党建工作"软实力"变成"硬指标"。2021年1—7月，综采一队生产原煤62万吨。

——**强化人才引领，提升职工素质**。综采一队党支部以增强党员党性、提升全员素质为工作重点，结合"全员素质提升"实施"党员职工队伍素质提升工程"，将党员教育培训融入到日常组织生活和业务培训中，并积极搭建"双培养"工程、导师带徒、技术比武、修旧利废等培养平台，开展党员上讲台讲党课、党员和职工群众结对帮扶、党员和青年职工开展"导师带徒"等多种活动，不仅加强和改进党员队伍的教育管理，健全党员立足岗位创先争优的长效机制，还提高了职工群众的业务技能水平，达到了双轮驱动、互促共进的目的。目前，该党支部岗位工持证率达100%，4名职工在集团公司职工技能竞赛中取得可喜成绩，9名职工达到高级技师技术水平。先后涌现出全国煤炭工业"劳动模范"苏保山、全国煤炭系统"优秀班组长"朱宏、甘肃省"劳动模范"杨国礼、甘肃省"五一劳动奖章"获得者达延成等一批安全卫士、生产能手、技术尖兵、窑煤工匠、管理骨干。

在企业高质量发展新征途上，综采一队党支部将高擎党旗，团结带领党员干部职工以昂扬斗志和崭新面貌，站在为企业高质量发展争作贡献的最前列，始终将党建工作融入安全生产经营中，用勤劳智慧和汗水继续谱写敢打硬仗、争创一流的动人华章。

2021年8月

提升党支部"三力" 打造坚强战斗堡垒

窑街煤电集团有限公司海石湾煤矿掘进一队党支部

坚持服务生产经营不偏离，是党中央对国有企业党建工作的新要求。近年来，海石湾煤矿掘进一队党支部在矿党委党建"加融引"、三年"三步走"总体思路指导下，坚持从"三基"严起，大力开展"三融三促三提升"党建工作融入生产经营创建活动，党支部在安全生产、基层管理、队伍建设中的战斗堡垒作用发挥成效明显。至今掘进一队已实现安全生产1000天，连续三年被集团公司评为劳动竞赛"六好"区队。2021年被甘肃省政府国资委党委评为先进基层党组织。

——**提升党支部保障力，融入精细管理保安全**。面对世界少有、国内罕见的地质灾害矿井，保障职工生命安全是掘进一队党支部时刻挂在心头、抓在手头的头等大事。党支部认真践行习近平总书记关于"人民至上、生命至上"的安全生产要求，着力发挥党员在安全生产中的先锋模范作用。推行党员"积分制"管理，在安全生产、工作质量、隐患排查等方面有针对性地给每名党员压实担子、明确任务，让党员盯着目标、带着任务去工作。2021年上半年，党支部7名党员全部杜绝"三违"，党员所包保班组的"三违"人数同比下降40%，隐患整改率达100%，掘进进尺与2020年度相比增加了60米。同时将"赛马机制"有机融入到党员管理中，通过开展党员"亮身份、作表率、保安全"、党员安全联保结对"一带三"，以及党员先锋岗、责任区、突击队等竞赛评比活动，做到了重点岗位党员干、急难任务党员上、薄弱岗点党员带。创建了5个党员安全责任区、3个党员安全示范岗。2021年上半年，累计查出隐患900余条，为安全生产排除了障碍、提供了保障。

——**提升党支部战斗力，融入精益管理提质效**。掘进一队党支部坚持把经营管理中遇到的困难作为党建工作攻关的重点课题。针对职工井下作业时间长、劳动强度大的现状，研究制定出"四班三倒"制作业方式，在全矿率先取消了小连班作业，既保障了职工有充足的休息时间，又大大减轻了职工的劳动强度。针对生产任务重、掘进难度大、管理设备多等难点，在党员中开展"三比三赛"（比谁挖的巷道成形好，谁的用时少；比谁包的班组工效高，安全好；比谁包的设备影响少，谁的接线工艺高）活动，党支部研究制定了全员安全岗位责任制、安全生产网格化管理、设备包机责任制、井巷工程终身负责制等管理制度，积极探索全面预算、契约化经营承包，将生产任务、成本、利润、物资消耗等主要指标有效分解，与班组、岗位层层签订契约化承包责任书，严格考核兑现，大大激发了全员参与企业管理的积极性，党支部在精益管理上实现跳跃式提升。2021年上半年，累计完成掘进进尺778米，小班最高单进达到了4米，工程质量优良率达到94%以上，施工的6225工作面连续4个月被矿评为精品工程；修旧利废75.44万元，超计划25.44万元，生产成本比计划降低10.59元/吨，党支部的引领能力得到全面提升。

——提升党支部凝聚力，融入人本管理促和谐。掘进一队党支部把"双培双带"工程作为提升职工队伍综合素质的重要抓手。坚持标准，注重把生产经营能手培养成党员。重点培养生产一线综掘司机、支护工、打眼工和新入职的大学生职工，既加强新知识、新技能、新工艺的业务知识培训，也注重政治理论、党的知识、企业管理等方面的思想政治培训，激发职工政治热情，为职工在政治上积极进步创造必要条件。近年来，累计有26人被确定为入党积极分子，占职工总数的1/3，发展党员7名。强化教育，把党员培养成生产经营能手。以推行"人人都是班组长"全员自主管理模式为抓手，要求党员带头参与班组管理，促进其全面发展，成为复合型人才，掘进一队党支部先后为海石湾煤矿培养出9名优秀班组长、5名区队级管理人员、2名业务主管、7名甘肃省技术标兵、1名集团公司劳动模范。同时注重人文关怀，2021年上半年，开展井口接亲人2次、家属座谈交流1次，创建困难职工"一对一"帮扶联络点7处，27名职工享受了生日带薪休假。探索开展班组户外团建、"21+1"带薪脱产培训等活动，有效促进了党员干部和职工群众凝心聚力、事争一流的干事创业环境。党支部积极组织开展竞赛活动增强团队合力，2021年上半年，开展劳动竞赛3次、岗位练兵19次、导师带徒15人次，征集到"五小"成果6项、合理化建议21条，全员隐患货币化奖励达到7560元。

坚守平凡践初心，脚踏实地谋新篇。面对窑街煤电集团公司建设全国一流现代能源企业的目标愿景，海石湾煤矿掘进一队党支部将以党史学习教育为契机，以党建融入生产创建活动为抓手，持续探索创新党建工作融入生产经营的新模式新载体，进一步发挥好党支部的战斗堡垒和党员的先锋模范作用，以高质量党建工作推动矿井高质量发展。

2021年9月

part 5

先锋引领

旗帜飘扬，号角作响。一面面党旗插遍矿山，迸发出撼天动地、催人奋进的无穷力量；一曲曲赞歌响彻云霄，奏响了声震陇原、丹心向党的动人乐章。窑街煤电集团有限公司全体共产党员将忠诚、智慧、汗水融入祖国的能源事业，在企业高质量发展的奋进征程中，以拼搏和奋进的姿态，展现出靓丽的先锋"底色"，用实际行动践行着"一个党员一面旗"的铮铮誓言。

五年多来，全公司广大共产党员在企业高质量发展的生动实践中，打头阵、站排头、争一流，成为一个个攻坚克难拼搏奋斗的先锋模范。

妙笔生花绘出金能发展进步新局面
——2019年甘肃省政府国资委党委优秀党务工作者金能工贸公司张连虎

窑街煤电集团甘肃金能工贸有限责任公司党群工作部

张连虎，2019年时任窑街煤电集团金能工贸公司党委书记、董事长、工会主席。多年来，他始终怀揣忠党爱国、为企尽责的炽热情怀，团结带领全体党员干部职工，以主动担当作为、率先攻坚创效的实际行动，推动企业取得了从扭亏为盈到稳步增长的优异成绩，多次被集团公司评为优秀共产党员、先进工作者，2019年荣获甘肃省政府国资委党委优秀党务工作者称号。

——**发挥党建引领作用，勇做企业发展的带路人**。2016年，金能公司面临着产业发展不平衡、盈利创收能力弱、生产经营持续亏损的严峻形势，相继造成职工工资不能按时足额发放、职工队伍思想情绪低落等问题。面对这一现状，上任伊始的张连虎倍感肩上担负的沉重压力和承受的极大考验，他深刻认识到，企业要想生存和发展，就必须把坚持党的领导、加强党的建设作为培根铸魂、凝心聚力的首要之责和根本之举，团结带领广大党员干部和职工齐心协力应对风险挑战。只有这样，才能更好引领保障企业摆脱经营困境并加速步入高质量发展的快车道。基于这样的认识，张连虎首先从加强党员干部理论武装入手，严格落实党委中心组集体学习和"第一议题"制度，狠抓基层党支部建设标准化工作和"三会一课"、主题党日、志愿服务等活动规范化常态化开展，加大党员责任区、党员先锋岗创建力度，积极组织党群工作人员到三矿、固废物利用热电公司、方大炭素等单位观摩学习党建工作先进经验，并在2019年一次筹措资金10万余元，为各党支部更新配备电脑、投影仪、党建图书等办公设备和学习资料，"一支部一特色"创建党支部学习园地和党建文化专栏,积极营造浓厚的党建文化氛围。同时,张连虎坚持把加强党员干部作风建设作为提升工作质效的着力点,充分利用年度领导班子民主生活会、党支部组织生活会、党员民主评议、述职考核等时机,有针对性地开展"政治体检"、党性教育、约谈提醒等专项活动,大力整治"四风"特别是工作中存在的官僚主义、形式主义问题,在积极争取集团公司指导支持的基础上,率先从自己做起,从党员干部严起,从服务基层抓起,凝聚思想共识、凝聚全员合力,大打"扭亏脱困、生存发展"攻坚战,以高质量党建引领企业闯出了一条提质增效、稳步发展的新路子,连续多年实现盈利稳增长,多次受到集团公司的表彰和奖励。

——**注重经营理念创新,争做敬业奉献的实干家。**"理念变天地变,理念不变原地转。"这是张连虎常挂在嘴边的"口头禅"。作为金能公司的"领头人",张连虎因多年跑销售、跑市场,深知"理念决定思路、思路决定出路"的道理。对于金能公司来说,要适应外部市场变化、跟上主业发展需求,无论是经营理念还是管理方式,迫切需要发生根本而深刻的变化,只有不断变革创新,企业才有好的出路,也才能更加持续稳步发展。自到金能公司以来,张连虎设想和思考最多的就是如何尽快将企业带出困境,他经常放弃休息日下基层、跑市场、搞调研,积极谋划和寻求生存发展的出路。针对企业经营乏力的现状,先后提出"金能是平台、人人来创业""快速、有序、学习、开放、共赢""调秩序、抓重点、创思路、严考核"经营理念和治亏策略,并组织修订完善各类管理制度26项,在全公司深入开展以"金能公司不盈利,金能公司和职工个人及家庭怎么办"为主题的大讨论大反思活动,同时以全员解聘、公开竞聘、重新上岗、层层承包经营的方式,将能干事干成事的职工竞聘到管理岗位上,着力打造精干高效的职工队伍,激发了干部职工干事创业的热情。2018年,金能公司实现产值3.53亿元、利润590万元,职工收入连续2年大幅提升,职工精神面貌焕然一新,企业焕发出新的生机和活力。随着改革工作的深化,张连虎同志提出"企业要生存发展,必须对内加强管理、对外坚持开放。"按照这一思路,金能公司广大干部职工积极寻求外部市场和社会合作单位,努力将社会企业变成了自己的生产车间、品牌基地,以小博大,逐步实现了"企业互联、产品互通,对外开放、合作共赢"的局面。

——立足实际谋办实事,甘做排忧解难的主心骨。张连虎是一名从农村走出来、在基层岗位成长起来的党员领导干部,他始终永葆服务企业、服务人民的初心,对企业和职工一直有着深厚的感情和真挚的情怀。到金能公司工作后,他带领班子成员共同努力,下功夫为企业解难题,为职工办实事、办好事。2017年以来,筹措资金缴清了原内合制职工欠缴的养老金644万元,补缴原天祝碳化硅厂欠缴的企业所得税93.072万元,补农林产业历年亏损46万元,回购商场部分房产及处理储值卡近100万元,为商贸公司超市补亏100万元,累计摘除历史陈疾917.342万元,补亏646万元,消除了企业发展后顾之忧。他敢于出实招破难题,2019年3月,集团公司将长期亏损的免烧砖厂划归金能公司管理。面对一个长期亏损的企业(账面亏损1千余万元),他勇于担当、敢于担当、善于担当,经过2个多月的深入调研,他果断提出了免烧砖厂治亏扭亏的方案,在当年年底彻底扭亏的基础上实现盈利10万余元。同时,张连虎注重以文化树品牌,坚持"月月有活动,季度有热潮",不断丰富职工文化生活,组织职工开展座谈交流、义务劳动、评选"最美金能人"、文艺表演等富有自身特色的文化活动。在庆祝改革开放40周年、窑煤建企60周年之际,组织职工举办文艺汇演活动,热情讴歌改革开放40年不平凡的发展历程,制作金能公司专题片《启航》,重朔企业新形象,展现了金能职工昂扬向上的精神面貌,为企业党建文化增添了活力。他心底无私,把职工群众当亲人,时刻关心职工工作环境和关爱困难职工生活,筹措资金近100万元,对产品加工中心机装队工作场地进行了硬化和绿化,为机装队新建了库房、沉淀池和值班用房,为油页岩公司网点职工新建办公用房和洗浴间,着力营造干净、舒适的工作环境,每年走访慰问困难职工家庭,累计发放困难补助金17040元、"金秋助学"资金11800元,让职工切身感受到了企业的温暖和关爱。金能公司的干部职工都为有这样一位一心为大家排忧解难的好领导、主心骨而感到自豪和幸福。

2019年7月

倾心党务显赤诚

——2019年甘肃省政府国资委党委优秀党务工作者天祝煤业公司吴 金

窑街煤电集团天祝煤业有限责任公司党委工作部

吴金现任窑街煤电集团天祝煤业公司党委工作部副部长。多年来，他怀着一颗对党、对企业的感恩之心，对职工群众无私奉献的赤诚忠心，对党务工作恪尽职守、兢兢业业的热爱之心，出色地完成各项工作任务，多次被评为集团公司优秀共产党员、优秀党务工作者、"双文明"先进个人。2019年，荣获甘肃省政府国资委党委优秀党务工作者称号。

——**勤学善思，提升自身综合素质**。作为一名共产党员，吴金深刻认识到政治理论学习的重要性和必要性，自2012年走上党务工作岗位以来，他积极参与党的群众路线、"三严三实""两学一做"、党史学习教育等活动，深入学习党的思想政治理论知识，坚持用习近平新时代中国特色社会主义思想武装头脑，常年的积累使他具备了较好的政治业务素质和政策理论水平。为了更好地胜任党务工作，他虚心学习借鉴兄弟单位的好经验好做法、并经常向其他政工人员请教学习，在边干边学中不断提高自身政治素质和业务能力。他先后负责修订完善了天祝煤业公司《"三重一大"决策制度》《党委会议事规则》《党支部工作制度》《意识形态工作实施方案和实施细则》等多项规章制度，在提升企业党建工作制度化、规范化、程序化管理方面作出了积极努力。

——**立足岗位，抓细做实党务工作**。吴金始终牢记自己是一名党务工作者，时刻以优秀共产党员的标准严格要求和约束自己，始终以"谦虚、谨慎、敬业、律己"的态度，认真履职、主动作为，坚持从建章立制入手，先后修订完善党委会议事规则、"三重一大"决策、党支部建设标准化工作、意识形态工作实施方案和考核细则等制度办法,为高质量做好党建工作提供了基础保障;坚持从业务管理入手,在从严从细做好组织生活会、民主评议党员、党员发展、党费收缴等日常业务工作的基础上,健全完善公司党群(标准化)工作月度考核办法,通过月度量化管理和责任考核,促进提升了企业党务管理和党支部建设标准化工作水平;坚持从阵地建设入手,以党支部建设标准化工作为抓手,积极指导各党支部做好"一支部一特色"党建品牌及阵地创建工作,并创新开展党支部主题党日、"三亮三比"(亮身份、比作风,亮承诺、比业绩,亮标准、比技能)和党团志愿服务等活动,引导带动各党支部和党员干部在安全生产、节支降耗、提质增效、创新提效等工作中,有效发挥了战斗堡垒作用和先锋模范作用。

——尽心尽责,狠抓文化宣教活动。在积极开展形势政策教育、安全思想教育、典型示范教育的同时,坚持把宣传思想和企业文化建设工作纳入党支部月度考核和党员积分制管理,通过策划设计以安全生产、改革创新、党建工作、反腐倡廉等为主要内容的企业文化长廊、主题宣传专栏,并定期开设自办电视栏目、推送微信信息动态、编印内部宣传刊物等形式,持续营造企业文化氛围、凝聚全员精神力量。同时,扎实组织开展党员示范岗、党员责任区、党员反"三违"、党员结对帮带等"对标赶超、创先争优"活动,编制印发安全文化"六问十想"口袋书1200多册,大力开展以"职业健康全员参与、共建健康和谐企业"为主题的健康知识法规宣教活动,同时结合实际创新开展矿领导、业务主管和工程技术人员带头下基层、上讲台活动,分期分类系统讲解安全管理、采掘技术、"一通三防"等专业知识,有效促进了全员素质的不断提升。

多年来,吴金始终将自己的责任、热情、智慧和心血倾注于党务工作,倾尽所能,无怨无悔,以爱岗敬业的态度,踏实细致的工作,赢得了领导和同事们广泛好评。

2019年7月

扎根矿山终无悔

——2019年甘肃省政府国资委党委优秀共产党员海石湾煤矿马明礼

窑街煤电集团有限公司海石湾煤矿党群工作部

马明礼是一名从军队转业投身生产一线的煤矿工人,在井下生产一线奋战十余载,他用实际行动诠释了"吃苦耐劳、甘于奉献、绝对服从、责任为天"的军人精神和"特别能吃苦、特别能战斗、特别能奉献"的矿工精神。2016—2020年,马明礼在担任海石湾煤矿综采二队队长期间,以勤奋、务实、奉献的过硬作风,赢得了全矿上下的一致好评,多次受到矿上和集团公司的表彰奖励,2019年荣获甘肃省政府国资委党委优秀共产党员称号。

——**虚心好学提素质**。面对先进的智能化采煤工艺,马明礼深知作为基层区队管理者,只有用科学理论武装头脑、用精湛技术提升自己、用先进理念管理区队,才能带好队伍、干好工作。他在工作中边干边学、边学边干,经常"挤时间""开夜车"认真学习攻读采掘技术、电气管理等专业知识,并自费订阅煤矿开采、煤矿机械设备等理论期刊,一有时间就捧在手上一本一本"啃"、一点一点"钻",并坚持在理论和实践的"双修互补"上下功夫,一遇到不懂不会的问题就积极主动向领导、同事虚心请教,还经常深入机电队、机修队车间,反复对设备性能、维护保养、配件加工等方面的知识进行实地了解和现场学习,特别在新《安全生产法》颁布后,马明礼一面带头自学,一面认真备课给职工讲解,想方设法让职工掌握相关知识、熟记关键要点,并真正落实到现场。正是这种好学钻研的精神,使他很快成为了既有技术水平又有管理能力的"行家里手"。

——**勇挑重担不退缩**。马明礼始终坚持煤矿工作"安全重于一切、高于一切、先于一切"的原则，认真抓好工作面顶板管理，坚持在接班、拉架后、放煤后、班后升架，保证液压支架初撑力，杜绝了工作面漏顶、冒顶事故。他每次下井总是走一路、查一路，发现安全隐患都要盯在现场整改。同时要求职工严格落实交接班制度，接班后隐患没有整改到位绝不生产，从源头上杜绝了生产安全事故的发生。有一次夜班，马明礼在工作面支架人行道巡察时，突然听到后部溜子声响异常，马上停下溜子查探原因，组织人员排除隐患。事后他跟职工讲："如果隐患不及时排除，就可能导致溜子断链，只有在抓好工程质量、设备良好运行、能确保安全的前提下，才能正常生产"。正是通过马明礼的精细管理和全队上下的共同努力，综采二队连续多年杜绝了轻伤以上人身事故，实现了安全生产。2018年，海石湾煤矿运输队频繁发生安全事故，马明礼临危受命，担任运输队队长。他首先针对"看惯了、干惯了、习惯了""违章行为屡禁不止"等问题，明确提出，任何人在任何时间、任何地点发现违章行为都要及时制止，尤其是队干部、班组长要坚决做到对违章行为不留情、不手软，并带头监督执行。为了防止职工出现逆反心理，马明礼对违章职工不"以罚代管"，而是先在运输队内部办学习班开展培训教育，考核合格后再次上岗。若职工重复违章，直接调离原岗位。就这样经过半年时间的调整扭转，全队呈现出了安全生产持续平稳的良好态势。

——**情系工友如手足**。海石湾煤矿是一个大家庭，区队是一个小家庭，马明礼一直把职工当作家人一样对待。2015年煤炭经济形势持续下滑，企业经营举步维艰，工资难以按时发放，致使职工心理波动很大，出勤不稳定。他利用一切机会给职工讲当前面临的困境，引导职工认清发展形势，认清只有全面完成安全生产、提质增效等重点工作任务，企业才能解困发展，职工才能更好地生活，积极鼓励大家与企业同呼吸、共命运，保安全、促发展。为了让每位职工能够得到更好的教育培训机会，在他的倡导下，海石湾煤矿率先开展了"21+2"准军事化全脱产培训，对所有参加脱产培训的人员支付日工资和奖金，脱产培训不仅取消了夜班倒中班的小连班，降低了劳动强度，还给职工提供了一个更好的作息时间。在学习了塔山煤矿"人人都是班组长"全员自主管理模式后，马明礼牵头制订了一整套符合本队班组自主管理的实施办法和考核标准，并将班组中的党员、团员、群监员纳入班委，积极发挥民主管理优势，每月组织人员集中讨论全队职工关心的热点、难点问题，为全队职工搭建了一个互帮互助的好平台。每当职工家中遇到红白喜事、生病住院，马明礼都和队干部一道登门探望，主动带头慷慨解囊，号召大家献爱心捐款，使每个工友都能感受到大家庭的温暖和关怀。

工作没有终点，只有起点；没有最好，只有更好。马明礼始终坚定信念、努力工作，用自己的努力和汗水继续拼搏在百米井下，追逐着人生梦想，实现着人生价值，孜孜不倦谱写扎根矿山一线的奋斗之歌。

2019年7月

炉火映初心 合金担使命

——2019年甘肃省政府国资委党委优秀共产党员兴元公司王永业

窑街煤电集团甘肃兴元铁合金有限责任公司党群工作部

多年来，王永业时时处处以共产党员的标准严格要求自己，传承发扬"兴元人"敢创新、勇担当、能吃苦、肯奉献的创业精神，把优秀作为终生追求；作为安全管理部部长，他深谙碳化硅冶炼工艺技术和生产安全管理，将"零"伤亡作为终极目标；作为生产技术部部长，他努力把精益管理和技术革新落地转化为一串串提质增效的闪光数字，助力兴元公司不断向现代化建设和高质量发展迈进。先后荣获集团公司优秀共产党员、生产先进个人、十佳专业技术带头人等称号，2019年荣获甘肃省政府国资委党委优秀共产党员称号。

——勤于学习、专于实践，提升综合素质

王永业注重对政治理论的学习，在"三严三实""不忘初心、牢记使命"等主题教育中表现突出、感悟深刻，使自己在思想上、政治上、行动上同以习近平同志为核心的党中央保持高度一致，在事关政治原则、政治立场、政治方向等重大问题上，始终以理论清醒保持政治坚定。作为兴元公司机关党支部宣传委员，他依托党员活动室、党务宣传栏等阵地，广泛开展党纪党规和企业文化宣传；利用"三会一课"、班前班后会等途径加强党的创新理论、企业形势任务等宣讲，让党员群众更深入了解党、拥护党。他时刻牢记一名共产党员的初心和使命，把推动企业高质量全面发展作为事业目标和工作准绳，在实践中积累，在钻研中成熟，学践并举努力提升冶炼专业技术，自学《铁合金冶炼生产技术》《碳化硅冶炼工艺学》《碳化硅制粒工艺学》等专业知识，记写学习笔记累计3.6万字；针对碳化硅冶炼生产中存在的流程及技术性问题，整理出《硅铁合金冶炼生产应知应会100问》《碳化硅冶炼炉况分析及应对措施32条》；密切关注行业政策法规、发展趋势和工艺技术发展动向，经常深入冶炼生产一线，问向于政策法规，问技于领导同事，问计于党员群众，不断拓展思路、开阔眼界，他主持撰写的《集团公司冶炼产业发展与壮大相关政策研究》获得集团公司2011—2012年度政策研究重点课题优秀奖，对铁合金和碳化硅冶炼生产起到了工艺技术性指导作用。王永业凭借勤学善思和专心钻研的精神，在专业学习实践的双向提升中逐渐成长为集团公司的"技术明星"和碳化硅、铁合金冶炼的行家里手。

——奋战一线、长于创新，实现提质增效

炉子是冶炼的核心，他在冶炼炉中注入满满的"赤子心、爱企情"，每个出炉时刻对他来说就是"喜获丰收"的场景。在那些分秒必争、至关重要的节点总能看到他废寝忘食、雷厉风行的身影奋战在第一线。

2018年12月的一天，4#电阻炉在完成冶炼送电后，部分炉墙立柱出现扭曲变形，如不及时处理将会造成人员伤害和炉料报废。面对紧急情况，他第一时间赶到现场，积极组织相关技术人员分析研判制定措施，守在现场整改问题。当时正临寒冬，脚冻麻了，就在地上使劲踩两下；手冻僵了，就放在自己的腋窝里暖一会；到了饭点，他安排其他工友先去吃饭，自己盯在现场赶进度、保质量，生怕发生意外。在他的带领下，经过连续45个小时的艰苦奋战，完成了4#电阻炉44面炉墙的改造。

他深知"科技是第一生产力"，硅铁、碳化硅生产和市场关联非常紧密，要在市场中站稳脚跟，就必须借助技术的力量，优化冶炼生产工艺，实现设备经济高效运行。他先后对碳化硅炉头96块铜排进行改造，解决了因铜排薄、截面小而接触不良的难题；将碳化硅原铝母线安装时利用55副托架支撑，改造为悬挂支撑，消除安全隐患；自行设计并组织人员对碳化硅冶炼活动墙进行改造，采用68面扶壁式一体炉墙代替了176面上下两部炉墙，降低了维修成本，提高了墙体透气性，有效化解了炉头走风、漏气、窜火等隐患，彻底解决了冶炼过程中炉头易发热、易损毁等问题。这些技术改造项目的实施，将原炉柱、斜支撑、辅助支撑、耐火砖块全部淘汰，从源头上杜绝了物料污染，提高了保温料的使用周期，累计节约生产成本100余万元。

——培育人才、心系职工，勇担职责使命

作为一名共产党员，王永业牢记自身担负的责任与使命。他高度重视复合型人才培养工作，担任生产技术部、安全管理部部长以来，积极倡导"一专多能"，要求部室人员在全面掌握本职业务工作的同时，还要熟悉两个部室其他业务工作，逐渐形成了业务穿插交流工作机制。并与4名部室人员签订"导师带徒"合同定向强化培养。在他的悉心指导培育下，先后有4名部室人员走向机关部室主要负责人岗位。

他时刻关注职工思想动态，经常深入一线了解职工所思所想所困所盼，及时答复解决职工反映的各类问题，保障了职工合法权益。针对硅铁合金冶炼生产时出铁口烟气严重的问题，分别对1#、2#矿热炉四个出铁口的集烟罩进行技术改造，有效提升了出铁口烟气收集效果，改善了生产一线职工工作环境，为保障职工身体健康创造了有利条件。在对口帮助困难职工时，别人都是"一对一"帮扶，他主动请缨"一对二"帮扶，先后帮助困难职工6名，资助了价值3000余元的米面油等生活物品和1600元的慰问金，切实为困难职工家庭办实事、解难题。

"道虽迩不行不至，事虽小不为不成。"王永业用爱岗敬业的实际行动，书写着共产党员的责任担当；用拼搏一线的冲劲韧劲，彰显着共产党员的初心使命；用干在先冲在前的奋斗姿态，展现着共产党员的精神风采，鼓舞着身边的同事创新进取、不断成长，在平凡的岗位上为企业高质量发展争作贡献。

2019年7月

倾心向党　倾情担当

——2019年甘肃省政府国资委党委优秀党务工作者铁运公司陈效伟

窑街煤电集团有限公司铁路运输公司党群工作部

陈效伟扎根岗位、知责奋进，满腔热忱做党务工作的用心人，用实际行动诠释责任与热爱，在平凡的岗位上出色地完成了党组织赋予党务工作者的光荣任务，多次荣获集团公司、铁运公司优秀党务工作者、优秀党员等称号。2019年，荣获甘肃省政府国资委党委优秀党务工作者称号。

——做理论学习的"有心人"。陈效伟把理论学习作为党性修养的终身之需，坚持用心主动学、常态跟进学、联系实际学、真心真用学，先后在《文化研究》杂志上发表《对企业思想政治工作建设的探讨》《加强企业廉洁文化建设的思考》等多篇论文。同时，悟新务实把铁运公司党建各项工作抓紧抓细抓到位，将学习成效转化为扛旗争先的生动实践。经常深入各党支部督促检查"三会一课"、政治学习日、主题党日等开展情况，引领党员干部将党的创新理论转化为谋划工作的正确思路、推动改革的具体举措、干事创业的实际能力，做到学思用贯通、知信行统一，为铁运公司发展注入红色动能。

——做党务工作的"用心人"。陈效伟深学细悟中央决策部署和省委党建工作新要求，结合集团公司和铁运公司实际情况，牵头起草铁运公司《党委会议事规则》《党委意识形态工作责任制实施细则》《党组织关于把方向管大局促落实的实施办法》等多项制度，靠制度管人，按程序办事；认真组织铁运公司各党支部按期换届，指导各党支部配齐选好支委、配强班子；严格按照"控制总量、优化结构、提高质量、发挥作用"原则发展管理骨干和优秀职工入党,为党组织注入新鲜血液;抓常抓实党支部建设标准化工作,经常深入党支部,加强对党支部建设标准化的宣贯解读,每月参与组织党支部书记专题会议,坚持问题导向,坚决立行立改。此外,在党建读物配备、党支部记录规范,党员活动室建设等方面下功夫、求创新。2019年以来,工务段、汽车运输队等党支部先后被集团公司党委评为"六好"党支部。

——做职工群众的"知心人"。一方面,陈效伟通过开展"三严三实""两学一做""不忘初心、牢记使命"等主题教育,统一职工思想,凝聚发展合力。另一方面,站稳人民立场,厚植民生底色,积极推行"四个到家"(即:职工婚庆喜事"祝贺到家"、生病住院"探望到家"、天灾人祸"关怀到家"、家庭矛盾"调解到家")职工家访工作法,精心组织职工集体生日、知识竞赛、主题演讲、运动比赛等丰富多彩的文化活动,增强团队凝聚力和攻坚战斗力。

——做企业文化的"热心人"。陈效伟高度认识到企业文化建设的重要性,坚持在内化于心、固化于制、外化于行上下功夫。按照"总体规划、分步实施、重点突破、创建精品"精神文明建设工作思路,狠抓绿化、美化、硬化、净化、亮化,助力铁运公司形成了"铁运印象"展览室、800米绿色瀑布、2000米绿色护坡等创建工作"亮点",进一步塑造了铁运公司品牌形象。

"日拱一卒无有尽,功不唐捐终入海。"陈效伟几十年始终如一爱岗敬业,倾心倾力党建工作,用心谋事、专心成事,慎终如始,在平凡岗位上发挥着自己的光与热,为推动铁运公司高质量发展作着自己的积极贡献。

2019年7月

党徽在煤海深处闪亮

——2019年甘肃省政府国资委党委优秀共产党员天祝煤业公司张新宝

窑街煤电集团天祝煤业有限责任公司党委工作部

张新宝自参加工作以来，在煤矿掘进一线一干就是十多个年头，他始终本着干一行、爱一行、钻一行的劲头，不会就学，不懂就问，不精就练，渐渐从一名彷徨懵懂的实习生成长为大家交口称赞的技术骨干，如今已成为肩扛重任的综掘队党支部书记，由于工作表现突出，2019年，荣获甘肃省政府国资委党委优秀共产党员称号。

——真抓实干的好支书。 作为综掘队党支部书记，张新宝深知基层支部工作的重要性，他积极创新工作方法，建立党员干部隐患排查台账，在确保安全隐患及时整改销号的同时，坚持把青安岗员、群监网员融入"党员示范岗""党员责任区"创建工作，带头开展党群小组"反三违、查隐患、保安全"活动，督促青安岗员、群监员严格落实现场安全隐患排查制度，使全队"三违"人数同比下降30%，有力促进了安全生产。在队伍建设上，张新宝狠抓"双培双建双促"工作，坚持把党员培养成技术能手、把技术能手发展成党员，建强支部班子、建好职工队伍，促进安全生产、促进支部建设，不断提高党支部和党员职工队伍的凝聚力、战斗力。为不断提升全员素质，他结合全矿形势任务，深入了解职工思想动态，与支部班子成员率先进班入户走访谈心、解疑释惑、鼓舞干劲，并严格落实职工安全培训"四个一"（每日一题、每周一课、每月一考、每季一评）工作制度，坚持集中培训与个人自学相结合，积极推行"雨课堂"线上教学，想方设法提升职工思想素质和技术技能水平。同时，张新宝积极推进党支部建设标准化工作，健全完善党支部各项工作制度，大力开展以党支部"进位升级"、党员"争星登高"为主题的创先争优活动，有效激发了全队党员职工的工作积极性和主动性。2019年，全队杜绝了轻伤以上人身事故，超额完成了全年安全生产任务。

——创先争优的排头兵。张新宝是一个用心做事的人，他从2018年9月由掘进一队调到综掘队后，面对1104掘进工作面突遇顶板破碎带的困难，他和队班子成员接连跟班盯守现场，认真研究分析地质构造情况，反复查阅图纸资料，抓紧制定施工方案和技术措施，有针对性地运用综掘机"V"型进刀配合手工挖掘的方法进行施工，采取"三高、三小、两及时"支护工艺加固顶板，全队上下经过四个圆班的攻坚克难，加速穿过破碎带，有效解决了作业期间的安全问题，在最短时间内恢复了正常掘进。这一掘进方法，不仅提高了巷道掘进单进，为企业节约成本5万多元，也为今后巷道破碎带掘进积累了宝贵经验，当年创下了全矿掘进进尺独头单进220米的新记录。

——情系职工的贴心人。张新宝是一名勇于担当、吃苦耐劳的好党员，更是一位无微不至、关心职工的好大哥。在工作中严格落实制度，不留情面，尤其在安全质量标准化上，始终做到精益求精，他下井只要发现工程质量上存在问题，总是盯在现场督促整改，全队质量标准化工作始终走在采掘区队的前列，工程合格率达到100%，优良品率达到90%以上，多次被集团公司和矿上评为优良掘进工作面。他在工作上严格管理，但对职工生活却关爱有加，队上大部分职工都来自农村，每逢春种夏收时节，保勤工作显得十分重要，张新宝同志经过调查摸底，根据各地农忙时节的急缓情况，合理制定保勤方案，有序安排职工回家，每年全队职工农忙时节的出勤率均达到85%以上，确保了安全生产、农忙抢收"两不误"，大家都亲切地称他为"咱们的贴心人"。

2019年7月

立志做创新融合的党建先锋
——2021年甘肃省政府国资委党委优秀党务工作者海石湾煤矿王栋邦

窑街煤电集团有限公司海石湾煤矿党群工作部

王栋邦现为窑街煤电集团公司海石湾煤矿党委副书记、纪委书记、工会主席。自2005年从事党务工作以来，他凭着对党的事业的忠诚和党务工作的无限热爱，出色完成了本职工作任务，连续7年被集团公司评为优秀党务工作者。2021年，荣获甘肃省政府国资委党委优秀党务工作者称号。

——坚持学以致用，不断提升党务工作能力。王栋邦始终坚持把学习作为提高理论水平和业务素养的重要途径，坚持用习近平新时代中国特色社会主义思想武装头脑、指导工作，认真学习党的十九大和十九届历次全会精神，深入践行习近平总书记在全国国有企业党的建设工作会议上的重要讲话精神，认真领会坚持党的领导、加强党的建设的规定和要求，努力提升把全面从严治党要求融入企业高质量发展的能力水平，努力把学习成果转化为推动企业高质量发展的动能。按照矿党委要求，他先后提出了海石湾煤矿"党建加""党建融""党建促"三年三步走战略规划、党员"积分制"管理、"13589"安全文化体系建设等一系列工作思路，使海矿的党建工作有了跃进式的变化，为海矿2020年顺利实现安全生产"零死亡"，建井后的第一次达产，采掘关系全面理顺，矿井顺利通过国家一级安全生产标准化体系验收"四大目标"作出了积极贡献。

——坚持强基固本，不断提升党建工作质量。他坚持把加强企业党的建设作为长远之计和固本之策，以"党建加""党建融""党建促"三年三步走战略为总体思路，以党支部建设标准化工作为契机，以"三个六"创先争优活动为载体,以党员"积分制"管理体系为抓手,谋划党建工作,设计实践载体,搭建活动平台,抓实书记责任。先后参与修订《海石湾煤矿党委把方向管大局保落实实施办法》《海石湾煤矿党支部建设标准化日常考核办法》《海石湾煤矿党委意识形态工作责任制》《海石湾煤矿党员先锋岗、党员责任区、党员突击队创建实施方案》《党员积分制管理办法》等5类36项党建工作制度,通过规范党内48项基本组织活动的时间节点,创新开展"重温奋斗史、共筑海矿梦"等主题党日活动,组织党支部书记进行党课竞赛,开展政工人员"大学习大练兵大比武"等一系列抓基层、打基础、强根基活动,有力提升了企业党建工作质量,促进了党建工作"四同步""四对接",有效将全面从严管党治党贯穿于工作始终,推动了党建质量的全面提升。全矿25个党支部在观摩交流竞赛中打造了党员活动阵地,综采二队党支部先后被评为甘肃省政府国资委党委先进基层党组织和省级先进党支部,矿党委连续两年在集团公司党建考核中被评定为"优秀"等次。

——坚持"两个至上",不断提升职工幸福指数。王栋邦同志深入践行以人民为中心的发展思想,始终秉持发展成果与职工共享理念,坚持把改善职工生产生活条件,提升职工获得感、幸福感作为高质量发展的重要内容,把职工群众满意不满意、高兴不高兴、答应不答应作为衡量工作的唯一标准,提出职工生日带薪休假、安全生产"十二法"等工作思路,坚持做好救济帮扶、金秋助学、夏送清凉、冬送温暖、大病救助、育才关怀和矿区疫情防控、环境美化亮化、职工工作服班班换洗、职工食堂24小时开放等"升温"工作,改善了职工生产生活环境,提高了职工幸福指数,矿区呈现出了和谐稳定的新气象,各个方面都取得了较好成绩。2020年,海石湾煤矿团委荣获"全国煤炭行业五四红旗团委"称号;1名同志荣获"甘肃省劳动模范"称号;1名同志被评为2020年度"陕煤杯"全国煤炭行业职业技能竞赛(国家级二类竞赛)电工三等奖;1名同志被评为2020年全省百万职工职业技能素质提升活动"优秀组织者";16名同志获"甘肃省技术标兵"荣誉称号。

如今的王栋邦已成为窑街煤电集团公司党务工作战线上的佼佼者，这得益于他十年磨一剑的厚积薄发，也得益于他严以律己、竭诚奉献的工作态度。"不忘初心，只为让党旗更红"，这就是他执着的追求与信念。

2021年7月

初心耀煤海

——2021年甘肃省政府国资委党委优秀共产党员金河煤矿赵文锋

窑街煤电集团有限公司金河煤矿党委工作部

一提起赵文锋,大家都知道他是金河煤矿数一数二的"技术大拿"。自担任金河煤矿综采队党支部书记以来,赵文锋积极探索开展党支部工作的有效途径与办法,着力推进党建工作与安全生产深度融合,充分发挥党支部战斗堡垒和党员先锋模范作用,为企业改革发展稳定作出了积极贡献。该队2018年被国家人社部和全国煤炭工业协会评为全国煤炭工业先进集体,2019年被中华全国总工会授予"工人先锋号"荣誉称号,他本人先后获得集团公司和矿劳动模范、优秀共产党员、优秀党务工作者等称号,2021年荣获甘肃省政府国资委党委优秀共产党员称号。

——**注重党建引领创佳绩**。如何抓好班子、带好队伍,主动融入安全生产发挥党支部战斗堡垒作用和党员先锋模范作用,是赵文峰经常思考的问题。他凭借多年的一线工作经验,深刻认识到,只有抓好党支部自身建设,锻造强有力的支部班子,发挥引领带动作用,才能更好凝聚起攻坚克难的战斗力。他认真对照《甘肃省国有企业党支部建设标准化手册》6个方面27项规范要求,对党支部工作逐步细化,建立健全党支部"三会一课"、民主评议党员、政治及思想建设、党员教育管理等17项制度,并同步设立各类记录、台账等基础性资料,不断提升党支部建设标准化工作水平。作为党支部书记,他深知肩上担负着全矿原煤生产的重任,2019年5月,由于16214-1工作面回采结束,17204-2工作面还未圈定,面对采煤接续脱节45天、欠产9万吨,以及17204-2工作面过地质构造带、破岩开采等异常困难的条件,赵文锋带领队班子和党员干部迎难而上、合力攻坚，期间他没有休息过一天，党员干部没有一个人叫苦叫累，经过全队上下的共同努力，8月份首次创造了月产原煤11万吨的历史记录，为完成全年生产任务打下了坚实基础。

——发挥先锋作用作表率。"干就干出个样子，做就做出点名堂。"这是赵文峰的"口头禅"。工作当中，他充分应用以往当班长、副队长积累的管理经验，用情宣传、从严监督、实干示范，总是身先士卒冲在一线，哪里人员少就到哪里顶上干，哪里任务重就在哪里和当班职工一起调整拉移支架、更换千斤、支护破碎带。记得在回采17204-1工作面的时候，因采煤机组发生故障，刚出井洗澡的他得知这一消息，二话没说就换上浸透汗水的工作服，快速带领设备维修人员再次赶到现场，连续奋战30多个小时，直到工作面正常生产他才拖着疲惫的身体升井休息。班组是安全生产的基础，赵文锋积极响应集团公司和矿上的号召，在全队大力推行"人人都是班组长"全员自主管理模式，深入开展比安全、比质量、比效益、比技能、比纪律和管理创新、培训创新、技术创新、理念创新、服务创新"五比五创新"竞赛活动，充分调动班组全员自主管理的积极性、主动性和自觉性，2020年全队做到了零违章、无轻伤，累计实现安全生产3600多天。

——坚持创新创效聚合力。工作中，赵文峰始终把"干质量活、干标准活"作为自己的座右铭，凡事想在前、干在前，用实际行动诠释共产党员的初心誓言。在17206综采放顶煤工作面安装期间，面对走向长度300米、切眼长度156.6米，安装设备总计109台（套）、运输系统安装绞车13台、沿线提升运输系统管理及安装难度大的情况，他积极深入现场勘查，组织队班子成员展开技术论证，及时制定了切实可行的安装方案，积极组织开展以"党员之间比作风，班子成员比任务，职工之间比干劲"为主题的创先争优活动，并通过反复摸索和创新改进，他和队班子决定将原穿滑靴下架的方式改为采用平板车下架，只用14天就完成了安装任务，比原计划整整提前了3个圆班，创造了工作面安装时间最短、速度最快、用工最少、安全最好、成本最低的纪录。同时，在综采工作面安装期间，每班最后收尾检查的是党员，急难险重苦活累活冲在前的也是党员。赵文峰积极推行民主管理和党务公开，凡是队里或是班组有大的事情，都召集支委共同商定，特别是涉及工资奖金分配、劳动分工及考核验收等问题时，更是充分发扬民主，反复协商，自觉接受职工监督，促使区队各项事务做到公平公正，在全队上下营造了党群干群关系全面和谐、凝聚力战斗力空前高涨的良好氛围。

2021年7月